girls!.jpg

File Edit Image Options Help

404 ~~women~~ not found

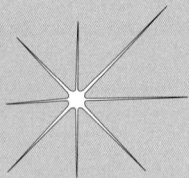

SPRING
野

更具体地生长

All This Wild Hope

Girls Do Not Need a Prince.
我们拒绝让我们等待白马王子的父权制。

女人的笑声就是要穿透墙壁，
那才是幸福。

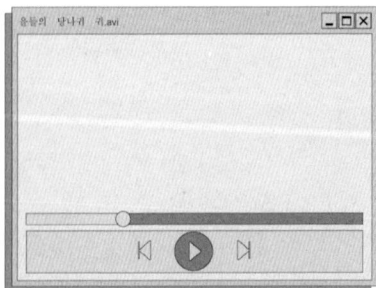

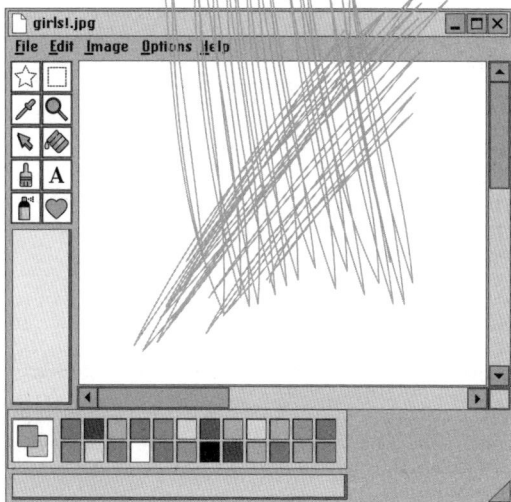

```
┌─ girls!.jpg ──────────────────── _ □ ×
 File  Edit  Image  Options  Help
```

을들의 당나귀 귀
大众文化的　女性主义指南

페미니스트를 위한 대중문화 실전 가이드

한국여성노동자회, 손희정 기획

韩国女性劳动者会

[韩] 孙希定 [韩] 林允玉 [韩] 金智惠 编　　[韩] 崔至恩 等 著　　田禾子 译

GUANGXI NORMAL UNIVERSITY PRESS
广西师范大学出版社
·桂林·

图书在版编目（CIP）数据

大众文化的女性主义指南 /（韩）孙希定，（韩）林允玉，（韩）金智惠编；（韩）崔至恩等著；田禾子译. 桂林：广西师范大学出版社，2024.10.——ISBN 978-7-5598-7099-5

　　I. K833.126.541

中国国家版本馆CIP数据核字第2024061N1E号

著作权合同登记号桂图登字：20-2024-052 号

DAZHONGWENHUADE NVXINGZHUYI ZHINAN
大众文化的女性主义指南

编　　者：（韩）孙希定，（韩）林允玉，（韩）金智惠
作　　者：（韩）崔至恩等
译　　者：田禾子
责任编辑：彭　琳
特约编辑：徐子淇
装帧设计：汐　和 at compus studio
内文制作：陆　靓

广西师范大学出版社出版发行

　　广西桂林市五里店路 9 号　邮政编码：541004
　　网址：www.bbtpress.com
出版人：黄轩庄
全国新华书店经销
发行热线：010-64284815
北京启航东方印刷有限公司印刷
开本：850mm×1050mm　1/32
印张：10.25　　字数：188千
2024年10月第1版　　2024年10月第1次印刷
ISBN 978-7-5598-7099-5
定价：59.80元

如发现印装质量问题，影响阅读，请与出版社发行部门联系调换。

揭示平凡女性劳动者的困境，讲述她们的非凡故事。

——"乙们的驴耳"开幕词

本书由韩国女性劳动者会、女性主义者孙希定主理播客"乙们的驴耳"

2016年5月至2017年10月播出的"大众文化与性别篇"谈话内容编成。

编者

孙希定

研究大众文化的女性主义者。电影学博士，毕业于韩国中央大学尖端影像研究生院。活跃于首尔国际女性电影节，担任节目编导，希望拥有一双阅读文化与世界的眼睛。著有《女性主义重启》等，与他人共著《韩国网络女性主义史》《女性主义者的瞬间》等。

林允玉

韩国女性劳动者会前常任代表。从小质疑"有个女孩样"的社会规训，立志于改变歪曲女性生活的性别歧视风气。将女性劳动者组织起来，建立富平女性劳动者第四工团，此后30余年一直作为活动家为女性劳动者发声。同时也是两个女儿的母亲，梦想成为一名温暖而愉快的女性主义者。

金智惠

韩国女性劳动者会常务处长。2015年以"就试一次，不行就算了"的心态开始参加本节目，如今已经和节目一起走到第5季，越来越坚信话语的力量，并开始期待：接下来，会遇见怎样的讲述者、怎样的故事呢？

特邀作者

崔至恩　许　允　沈惠敬　吴水景
吴慧珍　金姝熺　赵惠英　崔泰燮

韩国女性劳动者会

成立于 1987 年。韩国是经济合作与发展组织（OECD）中男女薪酬差异最大的成员国，半数以上的女性劳动者是非正式员工，靠最低时薪生活，同时身处丧偶式育儿和家务劳动的困境中。家庭，职场，社会——在所有劳动环境都没有实现男女平等的韩国社会，韩国女性劳动者会每年接受超过 3000 次的劳动咨询，积极为有关女性劳动者的法律献计献策。我们希望创造一个任何人都不受歧视、获得尊重的世界。今天的韩国女性劳动者会也在勇敢地向前奔跑:“现在，马上，性别平等劳动！”

我们坚信，

"更多的声音"永远是通向全新世界的路径。

目 录

Ⅲ. 再现与被再现的女性

序 言

合作的开始

我第一次接到韩国女性劳动者会的邀请是在 2016 年的春天。为扩大在女性群体中的影响，韩国女性劳动者会从 2015 年开始制作并上线以女性劳动为主题的播客节目，并希望今后可以将节目的主题扩大到大众文化领域。我欣然接受了这个邀请，因为能与有三十年历史的运动团体及相关文化研究者合作的机会并不多见。以此为开端，到 2018 年为止，播客"乙们的驴耳·大众文化与性别篇"（以下简称"驴耳"）未曾间断，共播出二十余期节目。

在 2015 年的"女性主义重启"[1] 中，女性发声最积极的

1　英文为 "feminism reboot"，其中 "reboot" 是电影产业术语，意为重开、重启，此处指 2015 年起，女性主义在韩国开始受到大众关注。该概念出自本书作者之一、曾在首尔国际女性电影节上担任节目编导的电影理论研究者孙希定。也有人将 2016 年首尔地铁江南站女性目标杀人事件视为韩国"女性主义重启"的开端。（译者注）

I

领域之一是包括网络文化在内的大众文化领域。不仅是以"泡菜女"[1]等词为代表的网络男性文化,女性受够了K-pop、电影、电视剧、综艺、文学等领域中随处可见的厌女元素,她们高喊着"我们并不觉得'没关系'",成为女性主义觉醒的开始。

但一个社会的厌女文化是无法与其政治、经济体制分割开来的,韩国也是如此。将女性禁锢于照护类劳动并贬低这种劳动的文化,导致了劳动市场中对女性的歧视现象;劳动市场中对女性的排挤,在大众文化中则延续为"代表性的女性消亡"。在无法想象女性故事的社会中,女性的政治性权利经常被侵犯。政治、经济、文化之间相互影响,形成了一个难分因果关系的恶循环。正因如此,我们在节目中一直关注女性的社会政治地位和劳动条件,还有展现其性别气质时的社会特质。当然,识别这种绞缠并不是一件简单的事,"驴耳"试图通过分析我们日常生活中接收到的大众文化内容,简明地阐述这个问题。这个过程中,许多女性主义专家共同参与,扫清了难点。

我们从2016年至2017年的播客节目中精选并完善了11期,编辑成书。本书掷出许多挑战我们所处世界的好问题,提供从性别平等的观点来批判性地理解大众文化的优

1　"泡菜女"（김치녀）,贬低女性的网络用语,主要指以金钱为目的和异性交往,在恋爱、结婚的费用上过度依赖男方的女性。（原注——如无特殊标记,本书脚注皆为原注）

秀案例，我们可以非常自豪地称这本书为"大众文化的女性主义实战指南"。

一起累积的话题

在《男性泛滥、女性消失的世界》中，我们回顾了韩国综艺的现状。一方面，韩国综艺是以男性为中心、便于男性施展拳脚的世界，称其为"韩男娱乐"也不为过，这是个唯独对女性太过残酷的世界。但另一方面，如果无法加入在综艺世界中有影响力的中年男性综艺人的派系，就算是青年男性综艺人也很难获得机会，其中的根本原因就是"大叔娱乐"现象。占据主流话语的"大叔娱乐"让四十多岁的中年男性成为主人公，边缘化了少数人群，抹去了多样性。这个现象的中心就是永远彰显自己是有经济实力的"家长－父亲"。

但是，在女性群体对电视频道的选择权和节目内容的影响力越来越大的今天，为什么"家长－父亲"的叙事仍然可以获得人气呢？其中最引起我们关注的就是父亲们的"生存战略"之一——"女儿奴"形象。我们的节目探寻他们口中的"女儿奴"叙事是如何开启，并关注其中所隐藏的厌女内核。2018年，我们目睹几位在大众面前以"女儿奴"自居的"明星父亲"就在"#Metoo"运动的加害者名单上。

但女性与大众文化并非一直是对立的。女性群体即使在厌女的文化中也可以"逆着内容的纹理",寻找到另一种意义和快乐,还有一些女性在大众文化中持续寻求变化。宋恩伊、金淑的"秘保"[1],以及"母系族长淑"等角色就诞生于这种大众和综艺人合作的过程中。

在《女性如何工作,如何成为商品》中,我们更加细致地剖析了大众文化与女性劳动的关系。一方面,隐藏在娱乐产业华丽外表之下的是支撑产业的劳动付出。娱乐产业市场正进行着最残酷的劳动力榨取,在这个产业中,性别势力与年龄歧视(Ageism)[2]甚至同时存在。特别是女性偶像歌手,她们被放置在更为艰苦的劳动条件中。在《"热情劳动"与"死亡劳动"的极限职业:女子偶像团体》中,我们指出了这一点,并呼吁将女性偶像歌手当成劳动者,而不是商品。

另一方面,在劳动市场中将女性置于更恶劣环境的,也有"女性 = 母亲 = 照护劳动"这一父权制下长久以来的偏见。在这样的思考方式下,女性的劳动经常被贬低为次要的或无价值的,从而被忽视。那么,我们日常看的电视

---

1 韩国知名综艺人、媒体人宋恩伊、金淑最早制作的播客节目"宋恩伊和金淑的秘密保障"的简称。

2 指一种认为老年人是生理或社会方面的弱者,并因此歧视他们的观点。该词最早出现于 1969 年,用来描述对老年人的歧视,与性别歧视、种族歧视被归纳在同一模式下。

剧又如何呢？在《从"全能主妇"到"职场妈妈"：寻找电视剧中的女性劳动者》中，我们探索韩国电视剧呈现女性劳动和女性劳动者的方式，并再次证明电视剧不只是娱乐，也可以成为有意义的分析对象。

接下来，我们通过作家赵善姬的《三个女人》[1]和露丝·巴勒克拉夫的《女工文学》[2]，打捞在韩国大众文化中被抹去的"革命女性"与"劳动女性"的历史。各位读者在阅读本书时应该也可以不断确认，我们唯独青睐那些在自己的时间中自主变化、成长的女性故事，将重新记录、传承这一切视为己任。我们认为这正是女性主义批评应该做的重要工作。

该部分的结尾，我们分享了在已经金融化的信用社会中，色情产业如何将女性的身体视作资源并不断壮大的过程和手段。在这一部分中，读者可以看到资本主义与父权制共谋，将女性的身体性对象化并开发为可持续收益的商品的这一机制最露骨的面目。

《再现与被再现的女性》中，我们探讨了电影中的女性再现与互联网男性文化的厌女问题。2014年是世界互联网女性主义运动的分水岭。美国爆发了"#YesAllWomen"等运动，碧昂丝、艾玛·沃森等知名人士均发表了女性主

1 赵善姬，《三个女人》（上下两册），韩民族出版社，2017。
2 露丝·巴勒克拉夫（Ruth Barraclough），《女工文学》（*Factory Girl Literature*），环球地域国际档案馆（Global, Area, and International Archive），2012。（译者注）

5

义宣言，引发"名人女性主义"现象。同时，美国女性主义的复兴与好莱坞相互影响，诞生了《疯狂的麦克斯：狂暴之路》[1]《超能敢死队》[2]等一系列代表作。这一现象的中心是被称为美国大众文化女性主义符号的漫画《神奇女侠》的电影化。相反，虽然韩国在2015年也重新刮起女性主义风潮，但韩国电影产业并未像好莱坞一样敏捷地行动。虽然2016年出现了像《小姐》或《没有秘密》等有趣的电影，但除少数几部作品外，韩国电影仍然是女性消失的世界。我们围绕电影《神奇女侠》《小姐》《没有秘密》的争议点进行讨论，提出并思考"女性电影、女性叙事究竟是什么"的问题。

最后，在《游戏、网络色情与互联网"男性特质"[3]》中，我们分享了近年来的互联网上让韩国女性愤怒的标志性事件，讨论了互联网娱乐文化中十多岁、二十多岁的男性尤为厌女的原因。我们期待讨论的这些话题能为各位提供灵感与想法的萌芽。

1　《疯狂的麦克斯：狂暴之路》是乔治·米勒导演的《疯狂的麦克斯》系列的第四部作品。在世界因核战争变成一片废墟的22世纪，不死乔是垄断水资源的独裁者。他的部下、女战士弗瑞奥萨带着不死乔的五名女奴逃出不死乔的巢穴，并最终战胜了不死乔，迈出建设新未来的第一步。弗瑞奥萨也因从男性独裁者手中解放女性，重建绿洲，被评价为女性主义战士。（编者注）

2　该作为前作基础上"性转"成女性主角的重置版。（编者注）

3　原文"마초"，来自西班牙语"macho"，本意为大男子主义，引申义为以男性为权威、为中心的文化倾向。（编者注）

"不到最后一刻，都不算结束"

我们的节目对大众文化的多种主题进行了宽广而有深度的讨论。在过去两年时间里，真诚而愉快地指引我们探索的各位嘉宾都是韩国屈指可数的性别问题专家。最重要的是，她们告诉我们，女性主义并不是某种狭义的理论，而是一种能让我们用不同的视角更有深度地观察某些主题的认知方法，一种需要持续训练的感觉。有大家在，我们才能一起欢笑、愤怒、学习，明白更多道理。

我们坚信，"更多的声音"永远是通向全新世界的路径。在过去的三年间一点一滴累积起来的声音，让我们可以更加清晰辩证地看待这个世界。如此"思考、发声、辗转反侧"，真的可以改变这个世界吗？虽然我们总感觉这个世界在不断退步，即便如此，我们依然坚信变化已经开始了。在2016年第一次讨论"金淑现象"时，我们根本无法想象"秘保"能发展成今天这样的节目，也想不到年末颁奖典礼上，会有女性综艺人连续两年获得演艺大奖。当然，获奖是个人的荣誉，但我们相信，这种环境的形成需要无数女性个体共同努力，我们希望"驴耳"也是其中一员。艺人李英子在2018年的文化广播（MBC）[1]演艺评选上发表获奖感

---

1 文化广播公司（Munhwa Broadcasting Corporation），与本书出现的韩国广播公司（KBS, Korean Broadcasting System）、首尔广播公司（SBS, Seoul Broadcasting System）、韩国教育广播公司（EBS, Korea Educational Broadcasting System）并称韩国四大全国性广播机构。

言时说:"不到最后一刻,都不算结束。"我们也希望可以跟随"英子神"的这句话继续走下去。相信"驴耳"的听众朋友们,还有读到这里的你,都会与我们一起走上这条路。

谨代表"乙们的驴耳"全体成员

孙希定

2019 年 2 月

Ⅰ.

男性泛滥、
女性消失的世界

男人连呼吸都能做成综艺：

韩男娱乐

"浪漫化"的叔和"都市恶女传说"：

大叔娱乐

"女儿奴"时代的厌女

是女战士，也是母系族长：

名为"金淑"的现象

男人连呼吸都能做成综艺:

韩男娱乐

嘉宾　崔至恩

2006 年至 2017 年，作为记者供职于网络杂志 *Magazine T*、*10 asia*、*ize*。

2015 年后，凭借批判以男性为中心的韩国综艺产业的报道和评论备受关注。作为韩国"女性主义重启"过程中主导大众文化的重要笔者，提出了有关韩国综艺产业的新观点。

现为自由职业者，著有《并不是没关系》，与他人共著《女性主义教室》。

引 言

希定　大家都很熟悉诸如《无限挑战》或《奔跑吧兄弟》之类的综艺节目吧？今天我们想聊一聊韩国综艺产业。最近，有个综艺节目遭到了女性主义观众的批判。

允玉　《懂没神词》[1]？

希定　对，就是《懂也没用的神秘杂学词典》（以下简称《懂没神词》），一个以"零售知识"为主题的综艺节目，这个初始概念还挺大的。

允玉　是的，很多人都觉得这个节目很有趣。

希定　人气很高，也上了很多新闻。这个节目引起如此关注，也有音乐家柳熙烈担任主持，被称作"时事综艺趋势"的柳时敏作家、著有多部社科书籍的郑在胜教授、美食评论家黄桥益一同出演的原因。

允玉　还有作家金英夏。

1　节目形式为探访全国各地的美食，并就多种话题进行讨论，制作人罗英锡是制作过大热综艺《两天一夜》和"花样"系列、"三时三餐"系列的"罗PD"。

希定　对。但这个节目也遭到了"又全都是男人"的批判。仅看这一个节目，会觉得只有男性出演到底算什么大问题，但观众是把《懂没神词》放在整个综艺的版图中来看的，会厌倦也是有道理的。

允玉　不仅是嘉宾全都是男性的问题，重复出演也非常严重。这个节目是这几个人，那个节目也是这几个人。

希定　这种男性体系包吞综艺的情况有点太过火，几乎到了让人无法区分每个节目的程度。在这种"男性联盟"之下，女性综艺人是很难生存的。虽然也出现了像《姐姐们的灌篮》[1]《孝利家民宿》[2]这样以女性为中心的综艺节目，但与以男性为中心的节目相比真是很稀少。而且，综艺节目制造厌女内容也是一个问题，才会有观众发声反映"希望看到女性嘉宾"。但当观众对《懂没神词》提出希望有女性嘉宾后，却得到如"韩国有大众知名度与这些男嘉宾相当的女性知识分子吗"这样的反应。这里我们需要注意——男性拥有许多出演电视节目和综艺的机会，所以可以获得"优秀综艺人"的指导和训练，拥有成长的机会。与之相反，

1　即女性真人秀综艺节目《姐姐们的SLAM DUNK——成年人的未来愿望》。

2　一档观察类综艺节目。定居在济州岛的李孝利、李尚顺夫妇，把自己的家作为民宿开放，接待各有特色的客人，呈现他们从入住到离开的全过程。

给到女性的机会几乎为零。本期我们想讨论一下这种只有男性存在的综艺，只有男性存在的娱乐。我们命名为"韩男娱乐"。我们邀请到了一位可以最深入讨论这个问题的嘉宾。只要是对用女性主义视角来观察大众文化感兴趣的读者，应该都会读过这位写的报道，她就是记者崔至恩。

至恩　大家好，我是崔至恩。2017 年春天毫无计划地辞职后，正懒散地生活着。最近没什么特别在忙的事情。可以说我是再也无法忍受韩男娱乐才辞职的，今天的话题应该可以聊得很好。

允玉　不是，这也能成为辞职的理由吗？☺

至恩　应该是疲惫了。渐渐没有可以愉快观看的节目，之前批判的问题不断反复，没意思。

允玉　那么您主要写针对韩男娱乐的批判性报道吗？

至恩　我做大众文化记者大概十年了，并不是一开始就写这样的报道。我意识到韩男娱乐这个问题其实是最近两到三年间的事情。在这之前，我正是那种没什么批判意识地享受韩男娱乐和暴力性内容的人，而且我还很享受在节目中发现男性的魅力并介绍给大众的这个过程。但是从某一

5

天开始，我觉得好像不太对劲。☺

允玉 对自己从事了十年的工作进行反省的特别契机是什么呢？

至恩 过去我非常喜欢"长得好看的男人"和"男偶像"，因此觉得大众文化记者这份工作应该很不错吧。实际上，我确实也曾非常愉快地工作过，但是 2015 年"山泉水"播客事件[1] 爆发了，这让我意识到大众文化中的厌女思维。

允玉 "山泉水"播客事件？

至恩 "山泉水"是搞笑艺人刘世允、刘尚武、张东民组成的组合。他们在"与山泉水一起做梦的广播"这个播客节目中有非常严重的厌女发言，为此有女性开始批判这个节目。而这时男性的反应大部分都是"如果这个程度的发言都被认为有问题的话，那么言论自由是什么"，"女人怎么就不能把搞笑只当作搞笑"。

1　2015 年 4 月 11 日，播客节目"与山泉水一起做梦的广播"对"有过性经验的女性"进行了语言侮辱；2015 年 4 月 16 日，该播客又在节目中提及三丰百货商店崩塌事件的幸存者，涉嫌名誉损毁和人格侮辱，被幸存者告上法庭。事件发酵后，播客的三名成员于 2015 年 4 月 28 日举行记者见面会并正式道歉。三丰百货商店崩塌事件发生在 1995 年 6 月 29 日下午 6 时 05 分，20 秒内 1500 人被埋，502 人死亡，937 人受伤，是韩国历史上和平时期伤亡最为严重的事故。（译者注）

希定　但在我看来，那些发言根本达不到"言论"的水平，太过低劣了。最终，"山泉水"是因为侮辱了三丰百货商店崩塌事件的受害者而公开道歉了。我的感受是，他们没有"什么样的话不该说"这种最基本的感知，或是整个社会对此都没有一个大众认同的准则。

至恩　通过这个事件，我开始回看我所从事的大众文化记者这份工作。其实，我曾非常喜欢"山泉水"组合，那个时节还正在准备关于他们的报道。但在发生播客事件的节点回过头去看我的报道策划时，我不断地问自己究竟是如何看待他们，特别是如何看待张东民的。于是，我明白了自己把男性营造的虚伪又无礼的形象都解读成了魅力。我未曾想过张东民的那种"男人味"式的豪放态度其实是充满厌女情绪的，甚至可能是罪恶的。我想我的这种"不敏感"是否也让我成为韩国大众文化厌女倾向的共犯。以此为契机，我的观点发生了转换。

希定　原来有这样的转折点啊！

允玉　真的是值得让人转变心意的事件。在作为大众文化记者积累到一定业界地位时，您却选择改变方向，开始对其进行批判，这不是一个轻易能做到的变化。能邀请到您参加节目非常荣幸。☺ 那我们现在就正式进入韩男娱乐的话题吧？

"综艺不仅仅是综艺"：
从韩男娱乐到家庭综艺

至恩　最开始接到孙希定老师的邀请"来聊一聊韩男娱乐"的时候，我最先想到的是，应该整理一下韩男娱乐到底指什么。准备了一下之后我发现，韩男娱乐大致可以总结为两大类型。第一种是完全排除女性的综艺，第二种是即便出现了女性，节目也有很强厌女性，或贬低女性、加深对女性负面偏见的综艺。这样来看，《真正男子汉》[1] 这样的综艺节目可以说两种性质都具备。节目初期完全没有女性，后来从"女军篇"开始邀请了女性出演，但以折磨她们为乐，同时将女性对象化（objectify），把女性分为"样板女"[2] 和没有达到"样板"标准的女性，而这也为观众随意辱骂后者提供了机会。这些综艺节目合起来，可以称为韩男娱，也可以说现在韩国综艺节目的基本属性就是韩男

1　一档军旅生活为主题的综艺节目，刚播出时几乎无人问津，后来因"女军篇"引爆收视率，成为话题中心。

2　直译为"概念女"（개념녀），指举止符合父权制传统社会所希望的女性形象的女性，在当下的韩国语境中多为负面含义。（编者注）

娱乐——它不仅渗透在电视节目中，也渗透在以网络漫画为代表的几乎所有大众文化中。

允玉　即使在网络漫画中也有？

至恩　是的。影视也没有什么不同，厌女的内容非常多。

允玉　对女性的暴力、贬低，还有将女性置于极端情况下受难，以此作为有趣的素材而取乐，这些内容都可以称为韩男娱乐吧？

至恩　我个人认为，比起折磨女性，排除女性的情况是更根本的问题。现在综艺节目里只有男人啊。女性综艺人直接表达过不满，但到现在也没有什么改善。像宋恩伊和金淑，因为真的没有可以出场的节目，就制作了自己的播客节目"宋恩伊和金淑的秘密保障"（以下简称"秘保"）。宋恩伊在一个节目中曾说："我和阿淑因为没有孩子和婆婆，所以没有节目可以参加。"就是说，三十到四十岁的女性艺人如果脱离了婚姻和育儿的话题，就没有可以出演的节目了。她们出于此开始自力更生，制作自己的节目，这也成就了现在的宋恩伊和金淑，可以说是女性综艺希望一般的存在。

希定　我想了想，播客平台有"Top150"的排名榜单，从第1名到第150名，真的几乎全都是男性为主的节目。随着宋恩伊和金淑的"秘保"人气高涨，女性播客也渐渐活跃起来，开始进入榜单，虽然前路依然漫漫。"秘保"的惊人之处还在于因此诞生了"秘保TV"这个制作公司，开始了内容生产。

允玉　"秘保"和我们节目制作的初衷是一样的啊。我们发现没有任何地方可以听到女性劳动者的声音，太憋屈了，想着"那我们来做吧"，就开始了。让金淑和宋恩伊到了需要自己制作一个播客的地步，可见主流综艺中排除女性综艺人的情况有多么严重。所以，我一直认为，对大众文化要持着批判性的观点去观看，这是非常重要的事，但有些人会觉得"为什么要因为别人的玩笑话冲上去拼命"呢。

至恩　正如您所说，我确实见过非常多类似"只是一个综艺，就单纯笑一笑不好吗"的反应，门户网站上热度最高的回复就是这一类的。但所谓大众文化，就是大众很容易接触到的文化啊。文化之所以可怕，正因为它强烈地、润物无声地影响着我们的精神和思考方式，因此，我认为不批判性地看待是不行的。不久前，我遇到一位学生家长，她说起自己初一的女儿最喜欢看《认识的哥哥》，我听完便说了一句"那有点让人担心啊"，对方却对我的话非常不解。《认识的哥哥》中有非常多中年男性随意评价且粗暴对待年轻女性的内容，如果不能批判性地看待这个节目，可能会影响年轻女性对自我的认知。但我在这个问题上，每次都没有信心可以解释得很好。所以不管是谁，应该要不断地提出这个问题，让那些哪怕只是偶然听到这类话题的人，也有机会再次思考。

希定　虽说"搞笑只是搞笑"，但在一种文化体系中感受到什么是有趣的，什么是悲伤的，其实是一种习惯。所谓"笑点"，是一种文化性的创造，比如"肥胖且丑陋的女人做什么事情时很搞笑"，就是在极度的偏见中搞笑，这里的"笑"从来并不单纯只是"笑"。我认为像崔记者这样的人所做的工作打破了我们与"坏的笑"连接的习惯纽带，创造出能够再次提问的一些瞬间，真的是非常重要的工作。

允玉　是啊，电视拥有权力，大众媒体拥有权力。人们对某类事件进行讨论时，往往会说"啊，电视上也是那样的啊"，进而让其成为"可信之事"。比如像中年男性随意对待年轻女性这种事，看了《认识的哥哥》的男观众就可以说"电视里也是这么做的"，从而为他们的行为找到权力保证，这让我感到恐惧。

允玉　"综艺不仅仅是综艺"这话，我们应该深入剖析一下。

但就像宋恩伊说的，"没有孩子和婆婆，所以没有节目可以做"，现在真的出现了非常多有孩子、公婆或父母的家庭综艺。我对这个也很好奇，这个应该怎么看待呢？

至恩　2014年MBC电视台播出的《爸爸去哪儿》获得了极高的人气，从而开启家庭综艺的趋势。《爸爸去哪儿》结束后，《超人回来了》延续了这一热度。这类节目可统称为"育儿综艺"。之后，家庭综艺还出现了展现青少年子女与母亲关系，成年女儿与父亲、公婆之间的关系的节目。

希定　在这种趋势下，也诞生了如《我家的熊孩子》这样怪异的节目，把没有结婚的男人描绘为还未长大的可爱儿子，竟然大获成功。这种节目明确地区分性别角色，坚定地打造出传统的异性恋育儿家庭的神话，创造出一种"家庭就该这样"的幻象。在这个过程中，父权制被强化，却完全没有对父母与子女之间的权力关系提出任何疑问。最可怕的是，还有综艺节目让父亲观看已经成年的女儿恋爱或交友的过程，几个父亲辈的男人聊着女儿的亲密行为，或谈论亲吻和深吻的区别等。

允玉　韩国女性劳动者会也一直在抗议女性所经历的职场性骚扰问题。当女性提出抗议时，最常听到的辩解就是"把她当女儿才那样的", 真是够了。

希定　"把她当女儿才那样的"这句话有多恶心, 女性都经历过, 都明白。但电视节目却把观看并干涉女儿私生活的父亲塑造成非常可爱的"女儿奴"进行吹捧。

允玉　这些综艺节目并没有反映现实家庭的真实情况。我们这个时代的家庭看起来几乎已濒临解体, 为什么综艺中反而要进行这种落后于时代的刻画呢?

希定　你的疑问似乎正触及了问题的核心。当社会安全网崩塌, 人们只能各自谋生时, 他们需要一个可以解决这些问题的共同体, 而在韩国社会的想象中, 实现这个共同体想象的只有家庭这一种形式, 而且还是那种以异性恋为中心、以婚姻契约为基础的核心家庭的形象, 如果不把女性塞进这个关系网中, 就无法进行想象。因此, 成年男人每天叫唤着媳妇或妈妈找东西, 母亲说儿子是五百八十个月大的宝贝, 想把超过五十岁的儿子"塞回妈妈子宫里", 等等, 此类现象一直存在。

至恩　在这类节目成为热点趋势之后, 大众不认可独身生活、不允许独身生活的倾向更强了。

允玉　是的。家庭综艺的目的原本是在关系逐渐解体的社会中，提供对家庭共同体的假想体验，给予观众以安慰。但这种体验并不尊重个性化的人生，也不去想象新型共同体的可能，反而以极度落后的方式展现已衰落的传统家庭形象。

这些人的饭碗从没被砸烂过，
反而是表达不满的女性失去饭碗

希定　刚才我们说到，在综艺领域女性艺人没有立足之处，也可以说是"综艺里没有女人"。

至恩　如果要思考这个问题的源头，就需要重新审视《无限挑战》[1]《两天一夜》的巨大成功。曾有一段时间内这两个节目的收视率加起来超过 50%。

1　韩国代表性真人秀节目。有评论认为韩国的"真人秀"形式是从《无限挑战》开始的。最初《无限挑战》开始录制时，根据"低于韩国平均水准的男人"的节目人设，展现了许多"废柴男没有任何意义的挑战"。之后该节目逐渐成长为韩国代表性男性综艺。《无限挑战》不仅引领了真人秀的流行，也对综艺领域形成"刘 line""姜 line"等男性艺人联盟、出演嘉宾直接平移至其他节目的倾向产生了影响，这都体现了以男性为中心的韩国综艺现状。在这个意义上，2018 年《无限挑战》的完结同样具有标志性意义。以此为转折点，我们不仅期待综艺领域的世代交替，也期待嘉宾性别的交替。

希定　《无限挑战》播出了十多年啊。这个节目是在相亲交友类节目快消失的时候出现的。伴随相亲交友类节目的消失，女人们也都一起消失了，真是非常有代表性。

至恩　与《无限挑战》并称真人秀两大山脉的《两天一夜》，灵活运用了季度制，通过成员交替的方法一直延续到现在，可以说是该种综艺领域的超长寿霸主。其实节目的收视率已经大不如前了，但还没有被停止制作，因为节目本身的品牌价值很大。这两个节目开启了真人秀双驾马车的时代，之后以男性为主的综艺长期霸占屏幕，随之也产生了"男人们聚在一起就会发生有趣的事"的惯性思维，因此，在这种真人秀形式的节目中，女性综艺人容身的空间只会逐渐缩小，综艺领域中的女性也开始消失。当对这一点进行批判时，就会有人说"那是因为女人无趣才消失的，为什么要怪别人啊"这样的话。

允玉　还说是女人的问题啊。

至恩　他们认为没有既有才华又搞笑的女人，"因为无趣才变成这样，为什么不能以实力来说话，只会抱怨"。听到这样的话，我会下意识地想，难道真是这样吗？从制作团队的立场出发，真的是因为觉得女性综艺人无趣吗？针对这个问题，我采访了一些综艺编剧和导演，询问"您觉得现在韩国的女性综艺人无趣吗",以及"为什么不在节目中用女性综艺人"。

允玉　结果如何呢?

至恩　确实有人认为女性综艺人都很无趣——"从制作者的立场上来说是无趣的,但那不是我们的责任。长久以来,综艺节目都没有给女性角色留出位置、建立关系网,这个责任为什么要现在的制作团队来承担呢? "举例来说,如果一个节目的主嘉宾是知名男星的话,节目去邀请跟他关系好的其他男嘉宾加入就很容易,从制作团队的角度来说,没有非要避开这种关系网的理由。

希定　这就是所谓的男性联盟。

至恩　有位导演说过这样的话,综艺界是以人脉运转的,女性在这一点上很吃亏。男人们在真人秀录制结束后,会一起喝酒,形成更亲密稳固的关系,而女人很难加入这种关系。

允玉　明明是通过这种方式形成的联盟,却用"友谊"或"实力"这类词来包装,不是吗?

至恩　对。女性艺人，特别是已婚女性，很难通过参与录制后的聚餐等举措融入团队中。男人以社会生活为借口就可以忽视家庭，女人这样做的话却不会得到理解，女性因此得到提携的情况也很少。尤其有孩子的女性，连育儿的时间都不够，要是和男性同事亲密相处，说不定还会被恶性传闻缠身。相反的，男性联盟则是一张密不透风的关系网，导演与艺人常常以"哥""弟"相称，拉近关系。当某个男性艺人在节目上因为厌女言论引起社会性风波的时候，制作团队往往会隐晦或公开地维护他，说着什么"那小子其实内心非常善良"，之后再重新启用。

希定　他们可能觉得，只是把在喝酒时开玩笑常说的话在节目中说出来而已，怎么会有这么大的问题呢。

至恩　如果想要对此进一步批判的话，就会有人说"女人是不是想把男人的饭碗都砸烂"这样的话。但事实上，这些人的饭碗从来没被砸烂过，反而是表达不满的女性失去了饭碗。

允玉　看来还得建立一个失去饭碗的女性联盟这样的组织啊。

女性几乎走在荆棘之路上，
男性却做什么都容易获得掌声

至恩　曾有制作团队在接受采访时表示，男性嘉宾"更能全身心地投入节目中"。从另一个角度看，这意味着观众对男性和女性的包容范围不同。比如，综艺人赵惠莲发明了非常多的搞笑动作，也曾有段时间因此获得人气。在某个限度上观众认为那是有趣的，但持续一段时间后，就开始出现"她怎么那么抢戏啊""看厌了""看起来不太好""惹人厌"等评论；但如果是郑亨敦或其他男性艺人展示搞笑动作的话，观众的反应就会变成"挺搞笑的""果然他就是这样的"。女性不管做什么总会受到更多的辱骂。总而言之就是不做会被骂，努力做了也会被骂。

　　女性嘉宾受到的人身攻击就更不用说了，从家庭话题到性相关的辱骂五花八门，人品评价或贬低外貌已经是最基本的。嘉宾们在生活中是不可能不理会大众评价的啊，当然会变得缩手缩脚吧？与此同时，男性嘉宾因为赌博、暴力、酒驾等犯罪事实引起社会争议后都可以很顺利地回归节目，还能将这些错误消解为搞笑的素材。但大众对女性就会非常严厉地不停纠缠，甚至连离个婚也像犯了罪一样拿来反复折磨她们。我个人的想法是，他们把这种为难当作一种可以在女性身上行使的权利来享受，说不定是希望看到女性艺人低头流泪才这样做的呢。

允玉　大众对女性，特别是对女团成员或者艺人，好像有种谁都可以说上一嘴的幻想。

至恩　"国民妹妹"是一个多么暴力且傲慢的称号啊，人们却这么称呼文根英，后来连媒体都对文根英指手画脚："你得这样那样""如果要公开恋情的话，要这样做才行，怎么能那样呢"。因为你是女性艺人，也是我们的"妹妹"，所以你就是我们可以干涉和管束的对象。

希定　在大众中间，似乎有一种对男性特别宽待、对女性尤其严格的标准。电影界也有很多这样的话题，当问到"为什么不和女演员合作"时，相关人士会回答女演员忙于维护自己的形象，一般不愿意出演毁坏形象的角色。而事实是，女演员们几乎没有可以出演的电影，所以至少要管理好形象，那么她们好歹还能接点广告，不然连生计都无法维持。同样是出演"自毁形象的角色"，对男演员来说是加分项，对女演员却往往是减分项。

至恩　一位制作过很多户外真人秀节目的导演讲过，他曾制作过一个只有女嘉宾的节目，如果节目中女嘉宾的形象有些散漫的话，观众就会辱骂她很丑；而如果她打扮得很漂亮，又会被说"去那种地方还那么精致""是不是只顾着打扮自己了""真是虚伪"，等等。

希定　可以不化妆但要清纯，可以潇洒但不能真的不在乎形象，得这样才行吗？

至恩　我们看过非常多"女艺人○○○的素颜也很○○"这种类型的新闻标题，但从来不会有新闻揪着男性艺人的素颜不放。如果男性艺人头发乱成鸟窝或胡子没刮干净，不仅不会被看作是缺点，反而会被评价为可爱、有人情味。这与用显微镜来审视女性的情况形成鲜明对比。

允玉　至此，记者您分享了亲自采访制作团队时得到的答复。总结一下就是：第一，坚固的男性联盟排除了女性综艺人；第二，真人秀是大势所趋，但这个领域有着对待女性比男性更严格的双重标准；第三，在这种节目趋势下，女性综艺人无法在观众的认知里积累有足够号召力的形象。是这样的情况吧？

希定　另外，现在的综艺领域似乎只制作男性擅长的节目。像在野外拍摄的探险节目，其实女性综艺人不是必须擅长这样的节目，不是吗？制作这样的节目，然后说"这里面的女人很无趣"，这也有点让人生气。

允玉　这就是我们社会的双重标准。男人无论做什么都被宽容地理解，女人们的一举一动都被管束。观众以这样的视角来看综艺时，女性综艺人当然如履薄冰。

至恩　在这个意义上，我觉得《姐姐们的灌篮》（以下简称《灌篮》）第2季的成员们非常有趣。韩彩英、孔智敏这几位都是对演出机会非常渴望的人。一般男性在综艺中会制造"我是第一，你是第二"这样的排序，但《灌篮》的嘉宾们没有这样，反而形成了一种相互珍惜的氛围，我很喜欢。我们应该很久都没有在韩国综艺里看到这种积极的氛围了。

希定　但我也在想，女性是不是只有保持这种形象才可以留下来。与之相反，男性就可以有多种多样的形象，可以依靠的大哥、寒酸的大哥、爱唠叨的人、话多的人……

智惠　还有威胁别人的形象。

希定　就是说啊。而在我们的节目里，很难找到有一丝负面气息的女性形象，唠唠叨叨或者会看眼色，都不行。必须爽朗，必须互相珍惜，显得完全没心眼才可以。所以，真正的重点在于，我们到底应该如何确保女性形象的多样性，如何拥有多元的趣味。

至恩　韩国社会好像不太喜欢看到女人过得好。在综艺领域，很难出现女性明星，即使一个人短暂获得了人气，也让人感觉不会长久。就是说，女性明星会因为非常小的事情被打上不招人喜欢的印记。不久前，女团 AOA 的雪炫和智珉出演了一档综艺节目，因为历史知识储备不足受到很多指责。她们被舆论的炮火围攻，"什么都不懂为什么还要搞笑""太没想法了"……而一直以来对男性艺人包括历史知识在内的常识不足，大众却从没在意过。真正奇怪的是，韩国社会从未对女性的知识水平有所期待，但会极其严厉地批评女性的无知，而男性即使不知道也不会有大问题。他们会笑着糊弄过去，或者说是为了搞笑才那么说的。

希定　对女性的批评中尤显残酷的，是批评作为嘉宾出演《我独自生活》的金瑟祺。

至恩　是的。金瑟祺在《我独自生活》这个节目里准备新居乔迁的食物，但准备的量很少，于是网络上完全闹翻天了——"她真是小气啊，连招待客人都不懂"。后来她还在社交媒体上发布了道歉信，但那下面的评论也看得人很头疼。这是值得如此谩骂的事情吗？男性嘉宾不懂什么内容，或是非常懒惰、不洗漱、不会过日子，等等，都没有引起这么大的反响，甚至还成了那个人的一种"人设"。比如全炫茂不懂洗衣机的使用方法，把要洗的衣服放在洗衣机里两个月之久，最后衣服都发臭了。

允玉　这样的事情也要播出来？

至恩　就是包装成"独自生活，对过日子不太熟练"的"人设"。

允玉　对男性真的非常宽容啊。

至恩　女性几乎走在荆棘之路上，而男性做什么都很容易获得掌声。另一方面，我在想是否可以给女性综艺更多机会，不要太急于评价，但综艺节目制作人又有着不能失败的压力，才会一直寻找安全的路。他们认为只要把男人放在一起，不管怎么说都是比较容易获得观众反应或收视率的方式，所以不会轻易寻求改变。

允玉　综艺中也需要配额制¹啊。

希定　今天开始录制的时候，我说过《懂没神词》引起争议时最令我感到愤怒的部分：当大众反映"为什么又全都是男人"时，马上就有人回复"女性中有像柳时敏一样大众都熟悉的知识分子吗"。究竟从什么时候开始，柳时敏算是"大众熟知"的人物了？其实在把柳时敏打造成大众作家、褪去他身上的政治色彩上，JTBC²的作用很大，比如分给他可以出镜的时间，帮他打造形象。再比如《无限挑战》中的郑亨敦，许多年间他的形象都是"无趣"，直

---

1 女性配额制一般指女性雇佣配额制、女性晋升配额制等，指在政治、经济、教育等领域的招聘或晋升中，需要一定比例的女性份额，是一种为了消除针对女性的差别对待而设立的制度。目前世界范围内，还没有实行"综艺女性配额制"的国家，但英国和澳大利亚等国家的电影产业，正在试行"性别平等电影政策"，也取得了一定成果。比如，在国家选择对哪些项目进行制作或排片上的资助时，会考虑制作团队和演员团队的性别比例，或采取积极的措施培养女性导演。

2018 年的奥斯卡颁奖典礼上，凭借《三块广告牌》获得最佳女主角的弗兰西斯·麦克多蒙德在获奖感言的最后提到"include rider"，即"包含条件"，也可以解读为性别平等电影政策的一环。"包含条件"是指有社会影响力的演员在与制作公司签订合同时，应该要求在合同里明确电影构成（制作团队与演员团队）保证人种和性别多样性。目前韩国针对性别平等电影政策的讨论也很活跃。

到 2015 年 12 月为止，韩国广播电视产业的 35096 名从业人员中，有 29890 名是正式员工，其中男性正式员工为 21892 名（73.2%），而女性正式员工仅有 7998 名（26.8%）。从事电视节目导演一职的男女性别比例也极不均衡。很少有女性能在广播电视产业中打破这堵无形之墙。也许可以从国家电视台开始矫正这种不均衡：提高导演和核心员工的女性比例，在保证出演团队的性别、人种、身体条件的多样性的前提下，以和人口相适应的比例进行雇佣。如果从综艺开始比较困难的话，那么从更加强调公共性的新闻部门开始如何呢？

2 中央东洋放送株式会社（JTBC Joongang Tongyang Broadcasting Company），韩国有线收费电视台。J代表《中央日报》，TBC代表韩国国内最早、水平最高的民营电台东洋广播公司。(编者注)

24

到后来他突破这一点，才走到可以独立掌控一个节目的位置上。但在此之前，他是充分享受了训练时间的。所以，在职业生涯中，男性往往更容易获得自我操练和不断积累经验的训练场，反正大有哥们会帮一把，没有人气不要紧，失败个一两次也没关系。而这些，都是不会提供给女性的。

允玉　女性总是如调料一样被加入各个节目，短暂地出演又很快被替换，怎么可能在这个行业内积累自己的事业呢？不可能的。

至恩　当然，也会有女性很偶然地自主进入综艺领域，虽然非常少见。但是现在的导演很多时候都不会过多地展现女性，只不过是为了调节节目气氛设置"一点红"。也因为导演不知道如何让其他男性成员与这位女性合作，于是这位女性看上去就悬浮于节目外。其结果就是这位女性无法按照期待展示自己的能力，最终无法在节目中长期驻扎，被评价为"无趣"后黯然退场。

允玉　所以综艺领域也需要配额制啊。比如实现 30% 的配额，是一个能让人听到她们声音的最小条件。

希定　我也作为嘉宾参加过一档谈话类综艺叫《刻薄男女》。在上节目初期，编剧们和导演不仅总鼓励我，如果我错过了说话的时机，担任主持人的朴美善女士还会看着我，用双眼给我传递信号："现在是你的时间。"主持人看向一位嘉宾的话，其他嘉宾也能稍微喘一口气。她这样帮助过我几次，能得到这样的机会真的非常重要。

允玉 本期和大家聊这么久，可以得出这样的结论：并不是没有有趣的女性综艺人，或某位女性的能力有问题，而是看待女性与男性的双重标准、厌女等韩国社会的性别歧视意识直接反映在了综艺领域。

崔至恩的后记

2018 年，MBC 放送演艺评选的大奖获奖者是女性综艺人李英子，她最具竞争力的、实际上也是唯一的竞争对手则是朴娜莱。这在主流综艺界几乎抹去女性身影的三年前，是完全无法想象的风景。同年的 KBS 演艺评选中，李英子也获得了大奖，力证此时正是她的第二个全盛时期，她特别感谢的对象正是宋恩伊和金淑。李英子人气极高的"服务区吃播"是从"宋恩伊和金淑的秘密保障"开始的。才能卓越的策划人、同时也是全能玩家的宋恩伊，拥有独特形象与非凡感知力的金淑，是将无数女性同行的魅力展现在大众面前的功臣。无独有偶，她们的脚步与"女性主义重启"相汇，引发了大众对女性综艺、女性综艺人的热烈关心与支持。也许她们自己也不知道自己究竟做了一件多么了不起的事，但她们真的做出了一项惊人的壮举。

"浪漫化"的叔和"都市恶女传说":

大叔娱乐

嘉宾　崔至恩

男人至死是少年?
被浪漫化的"大叔时代"

允玉　本期的嘉宾仍是崔至恩记者。承接上期内容,我们想正式开始讨论只有男性可以在其中生存下来的综艺——"大叔娱乐"。

至恩　我在上一期中提到,决定采访那些"没有女人的综艺"的制作团队是在 2015 年。当时我认为这是非常严重的情况,所以写了报道,但在那之后也并没有什么很大的改变。

允玉　即使在 2015 年之后也这样吗?

至恩　对。过日子的是男人,探讨科学的也是男人,抚养女儿的是男人,独自生活的也是男人,连化妆的节目里也都是男人。

允玉　哎哟,真是窒息啊。

至恩　看到这些节目发来的资料时,我甚至想,大概连男人的呼吸都可以做成综艺吧,真是没完没了。还有把"只属于男人的擂台"这样的句子写进名称的节目,比如《认识的哥哥》《男子元气上升株式会社》[1]（简称《男元上升》）等节目，或者从介绍文案到字幕都写满了"大叔"的节目。最近几年里，男性为主的综艺节目中最引人注目的，是以三十多岁到四十多岁这个阶段的男性主持人和男性综艺人为中心的节目。韩国国会举办的"促进媒体内性别平等的连续讨论会"曾公布一份韩国女性政策研究院的资料[2]，该资料中引用的 2016 年 YWCA[3] 节目监控数据显示，电视节目嘉宾的性别比例为男性 66.3%，女性 33.7%，双方几乎有一倍的差异；而按嘉宾年龄层人数从多到少排列，男性的年龄顺序为三十岁、四十岁、二十岁，女性则为二十岁、三十岁、四十岁。而我们从这些现象观察到的就是，大叔娱乐正流行。

希定　真的是这样啊。大叔娱乐号称能展现成年人的成熟，实际上却只是展现了没有成长的男人的故事，像是给男性的不成熟发了一道免罪符？比如《认识的哥哥》，到底为什么让四十多岁的男人们穿上校服，在晚自习时间坐在教室里用非敬语聊天？在节目中开着那些酒桌上的玩笑，年

1　该节目是极具代表性的展现韩男娱乐的厌女型综艺，在播出之前就因宣传文案"被女人害得垂头丧气的男人们的故事"引发争议，后因"男人丧失元气都是因为女人，我们帮你恢复"的节目设定遭到批判。

2　李秀妍，《广播电视产业的歧视现象，性别构成与生产内容》，韩国女性政策研究院，2017。

3　基督教女青年会，（YWCA, Young Women's Christian Association），发源于英国的女性团体，这里提到的节目监控资料正是首尔 YWCA 分部所整理。

纪较小的嘉宾来到这个节目，无论男女都会遭到他们言语上的性骚扰。

至恩　就是说啊。不知道为什么要和论年纪可以做自己女儿的女性扮演恋人，演那种情景剧。

希定　《我家的熊孩子》中，像金健模这样年龄超过五十岁的大叔不结婚，还会被当作小儿子对待嘛。虽然这个人本身也不太懂事，但在现实中把这种"不懂事"和"未婚"联系在一起，是非常落后的思想。我也思考过为什么关于"不长大的男孩"的节目会这么多。我想这也许终究是一直留存于大众文化主流的"386世代"和"X世代"[1]的问题。在熬过艰难的岁月后，把自己年轻时曾喜欢的文化定义为"复古"，试图一直享受这个文化带来的权力。在《无限挑战》等节目中非常受欢迎的那些上个世纪90年代音乐的翻唱热潮就很典型。

允玉　我认为这一点也体现了既得利益阶层排挤青年的现实，因为青年正处于权力的空白期。二十多岁、三十多岁的青年因为生存、就业等问题无法享受大众文化，只能一

1　"386世代"特指出生于20世纪60年代前后、成长于20世纪80年代前后30年间的人群；"X世代"指1965年至1980年出生的人群。

直被排挤，成为"N 弃世代"[1]。

希定　还曾有段时间，电视节目会因为只有偶像团体歌手出演而被批评。但现在，偶像团体歌手早已不再是大众音乐的中心，而成为被极度恶劣的劳动市场压榨的劳动者，被挤压到如《创造 101》或《偶像学校》这样进行无限生存竞争的市场中。这是值得我们思考的一件事。

至恩　媒体的变化也值得观察。特别是十岁到二十岁的青年，正用电视之外更有趣的设备享受文化。这一代并不过着以电视为中心的生活。即使看电视节目，也远远比不上用手机看短视频，或者在 YouTube 或 Africa TV[2] 等频道上消费的时间更多。

希定　电视也变老了呢。

至恩　总之，落脚点在"我还是个不懂事的少年"的大叔节目确实一直在持续不断地出现，浪漫化大叔的倾向也是 2015 年开始出现的。那时，逐渐有女性发声批判日常

1　韩国大众文化的流行词，该词为"N 世代"（net generation，网络世代）的衍生词，指抛弃了人生基本追求的网络世代年轻人。
2　一款韩国在线视频软件。可以看到韩国网民最新上传的各种视频，包罗新闻、综艺、生活、娱乐等各方面。

或文化中来自中壮年男性掌权者的无礼纠缠或无法沟通的情况，于是"狗大叔"（개저씨）这个词应运而生。当然，反驳这个词的男性也非常多。但在"狗大叔"这个词还未成为有影响力的流行语时，媒体突然就开始把原本带有贬义的词"大叔"（아재，ajae）给浪漫化了，进而把中年男性的形象包装出"虽然是成年人，但对最近的潮流很不熟悉；假装坚强，但内心很柔弱"的感觉，甚至还有把"大叔"打造成潮流的倾向。所以在电视节目中，哪怕刚超过三十岁也会被称为大叔，如果稍有一些特别的地方，甚至会被标榜为"致命大叔"，即拥有致命魅力的大叔。

希定　还有一点很值得注意："狗大叔"是先从女性群体之中诞生，然后逐渐渗透到媒体中的词；而"致命大叔"是媒体创造出来又积极广泛使用的词语，不过这个词好像没有什么影响力。

至恩　"大叔"这个词还会被当作形容词使用。比如，担任嘉宾的儿童或者女团成员如果在节目中有出人意料的举止，全都会被贴上"大叔口味""大叔取向""大叔style"这样的字幕。仿佛只要是独特的、有趣的、出乎意料的，就会被和"大叔"联系在一起，进而使"大叔"本身成为一种潮流。

允玉　是啊。其实"狗大叔"这个词是指随意对待他人，炫耀权势、颐指气使的人。这个词不仅统指这些行为，还包含了"韩国男性应该做出改变"的批判性思考，但他们把这种内涵一瞬间简化成了"大叔"这种称呼，完全越过了反省的阶段。

至恩　中年男性表现得仿佛自己从未拥有任何特权一样，口口声声说自己也很辛苦，现在不知道为何总是被无视，真是伤心云云。但随着这些中年以上的已婚男性逐渐掌握电视节目领域的话语权，他们对不在自己团体内部的女性、青年或非婚者的态度又非常无礼和冷漠，这也是一个事实。性少数者几乎不会出现在电视节目中，即使出现也是被嘲弄的对象；女性只会成为被品评外貌的对象；而中年男性动不动就说"婚姻是坟墓"这样的话。

希定　没错。综艺节目里几乎不会不谈论结婚这个话题，而同时结婚又是一个可以用来嘲弄的梗，这样奇怪的场面就是现今正在上演的。

至恩　如果节目中有马上要结婚的男性，他们就会说"现在这样的时光再也不会回来了""你现在也不再是自由之身了"这种话欺负对方，如果其中的一位已婚男性说出"我的婚姻很幸福"的话，就会被"群嘲"为"破坏气氛"。

在这种贬低婚姻的对话中，完全没有对自己配偶的尊重。

希定　相反，如果是女性艺人结婚的话，就会对她说"你这是走进地狱了"，认为女性在婚后会粉身碎骨。

至恩　男性想通过彰显性能力或自由的性生活获得他人对自己的"男性特质"和关系网络的认同，因此他们会说进入一夫一妻制是自己做出了牺牲；但如果女性艺人想表达自己在性上比较自由，在话说出口的瞬间她的大众评价就会猛然变差。在男性的婚姻故事中，妻子大部分都会被塑造成恶妻的形象。比如《严守雄性的房间》（以下简称《雄房守》）这个节目，基本设定就是男人平常的日子过得很辛苦，希望避免被妻子唠叨，希望获得实现愿望的机会。基于这种设定，节目组会去实现男性观众的委托，帮助他们在家中建造出棒球场、钓鱼池、游戏房等空间。

智惠　在家里？

至恩　对。还有在家里建格斗场的，或者建造一个男性专用卫生间的。这个节目一直将男性描绘成为妻子和孩子辛苦工作却没有自我空间的弱者，他们认为男人需要单独的空间，却从来没有人为女性寻找空间，甚至还轻浮地认为厨房就是女人的空间。

希定 《雄房守》制作团队的后续作品就是《男元上升》，以"那些被女人杀死的男人元气，我们为你重燃"为设定……

允玉 我真是无法理解，2017 年初还发生了在职妈妈过劳死事件啊。综艺节目怎么不断去呈现与现实相去甚远的内容呢？

至恩 可能是"男性特质"危机的幻想起了支配作用吧。一种"在这个艰难的世道下，钱是自己挣来的，却因为要看妻子的眼色不能随心所欲花钱"的可怜家长的被害妄想。这种叙事也常出现在广告中，比如 PlayStation[1] 的广告就是这样的——"瞒着妻子偷偷买游戏机的丈夫"，"准新娘不允许买游戏机所以很难过的男人"。

希定 事实上，女人们不仅没有自己的空间，也没有自己的时间。

至恩 特别是有子女的已婚女性。她们没有属于自己的时间，又处在非常恶劣的环境中，不知道是不是因为她们的

1　日本索尼集团生产的家用游戏机。（编者注）

残酷现状实在太真实了，所以没办法做成综艺。好在最近出现了一个稍微有趣的节目，叫作《不要找妈妈》[1]，是一档能让观众思考女性和主妇的时间都去哪儿了的节目。

希定　这个节目的副标题是"付费离家出走计划"。给作为全职主妇的妈妈一天休假和100万韩元，在节目中展示她们的一天是怎么过的，那100万韩元花在了哪里。我认为"付费"一词非常重要，完全可以看作是对总把女性的家务劳动当作"免费"劳动这一点的批判。

女性不是"杠精"[2]，
就是漂亮的花瓶？

至恩　另一个值得思考的问题是，随着大叔成为节目的中心，越来越多分享家庭故事的综艺开始将家庭暴力轻描淡写为"有些特别的故事"。曾经有一档综艺叫作《爆料婚姻的男人们》，该节目现在已经完结。在某一期中，有个

1　一档给全职主妇们100万韩元现金，为她们创造从家务中解放出来的一天，并用镜头观察这些女性都把100万韩元花在什么地方，同时也观察这位女性不在时，家中正发生着什么事情的综艺节目。

2　韩文原文为"프로불편러"，即英文单词"pro"（专业的）和韩文"불편"（不舒服、不方便）的合成词，指在每件事上都十分敏感，本来不算什么大事，也会引导负面的舆论，诱发争论的挑剔之人。（译者注）

男人用荆条抽打因为公司聚餐晚回家的妻子。

允玉　这就是家庭暴力。

至恩　但这个节目并没有表示这是家庭暴力，而是把这个故事消费为男性特有的、有点奇怪的搞笑插曲。在另外一期里，金成柱说的一句话引起了极大的讨论。他与妻子吵架后，因为太生气，就把还没满周岁的孩子绑在自己腰上，然后走进房间锁上门，对妻子说："你要知道以后你再也看不到孩子了。"他把这句威胁的话当成自己的英雄事迹来炫耀。

希定　我非常讨厌《人生酒馆》[1]这类的节目。真是躲也躲不掉，难道现在你们连自己喝酒的样子都要我们看吗？我会有这样的想法。

至恩　在《人生酒馆》前几期，我曾看到过这样的片段。有一期的嘉宾是一位中年男演员，当时嘉宾之间已经铺垫了一种大家互相比谁更厉害的氛围。这位男演员的夫人也是一位演员。在夫人刚生完孩子，正专心育儿的时期，孩

1　一档在布置成酒馆的拍摄现场，主持人和嘉宾一边喝酒一边吃下酒菜聊天的脱口秀型综艺。

子总是会在夜里醒来，需要有人24小时照看孩子，他却说自己一直在装睡。这个故事在男人中间被看作是可爱的插曲，是男人之间分享的像"诀窍"一样的东西，而这个节目的已婚男性中没有一个人说一句"你夫人该多累啊"。

智惠　如果谁说了这样的话，就会被当作专门让大家不舒服的角色。

希定　尤其是女人很难一直担任让别人不舒服的角色。比如在《我家的熊孩子》前几期，演员韩惠珍的角色设定就是指出问题，直言不讳。有一次，金健模的母亲一直在惋惜自己的孩子，比如她说过"我们健模和成宥利传出过绯闻，我们健模要是和成宥利结婚就好了"这样的话。韩惠珍就笑着说"阿姨，成宥利小姐和我是同岁的"，表示金健模的年纪比较大，和成宥利有二十岁的年龄差异，这让金健模的母亲很不开心。以这样的主持结构进行一段时间后，站在"儿媳"或"女性"的立场，表达与母亲们不同意见的女性角色渐渐让在场的母亲和男性主持人感到不舒服。于是，随着节目的进行，可以感觉到韩惠珍逐渐变成了迎合母亲们的角色。

至恩　女性非常艰难地获得出演综艺节目的机会，也非常努力地在工作，而我看到那么努力的她们在节目中受到的待遇就是这样的，这让我很痛苦，感觉非常不公、愤怒。所以有的节目让我不想再看。我曾经非常喜欢《白宗元的三大天王》[1]（以下简称《三大天王》），但我无法忍受这个节目对待女团成员的态度。这个节目的重点非常有趣，是展示食物的故事和餐厅主厨们的个性，但自从开始把女团成员放置在旁听席上，"让她们表演个人特长、撒娇""表演得好就给你吃美食"以后就非常无聊了。可以说是把女性艺人当成漂亮的背景板了。

至恩　即使不是这种漂亮背景板的角色，女性通常也会以"某个人的恋人或潜在对象"这样的方式登场，作为男性的欲望对象被呈现。就像《奔跑吧兄弟》中宋智孝和 Gary 被绑定在一起，组成"周一情侣"还是什么的。

允玉　所以年轻的女性艺人不是被当作"媳妇"，就是要与谁捆绑在一起形成爱情关系。

1　副标题为"韩国首档料理转播秀，全国最厉害的美食店冠军竞赛"，一档吃播综艺节目。该节目是公共电视台人气最高的吃播节目，嘉宾为餐饮业界大师白宗元和搞笑艺人金俊铉等。节目安排为，白宗元首先定下如"炒年糕""土豆脊骨汤"等主题，在全国的美食店巡回品尝主题食物，然后请其中评价最高的三大料理高手到演播室，邀请嘉宾一起欣赏制作料理的过程，一同品尝美食。

当"大叔"成为一种标准，
女性却成为"恶女传说"

允玉　再来说说《懂没神词》吧。

至恩　《懂没神词》是新形式的大叔娱乐。与之前男人聚在一起解答题目或者完成任务等形式的综艺不同，这个节目安排四十到五十岁具有影响力的男性知识分子在某个地区一边旅行、品尝美食，一边传播所谓的"基础知识"。从女性观众的角度来看，这个节目才真正带来无法不直视的"只属于他们的竞赛"的感觉，也再现了女性早已在日常生活中经历过无数次的，与前辈、上司、亲戚等上年纪的男性相处时的场景——喝着喝着酒，就说起："历史上，这个村子吧……"

允玉　一种"我什么都知道"的夸耀状态，但甚至连他们本人也不觉得自己在夸耀吧。所以这个问题最终还是权力的问题。拥有权力的这些人不会意识到周围人的想法，同时他们拥有的知识直接就成为基础、成为标准。

希定　现在这个时代，是五十多岁男性名人的聊天内容就能成为基础知识的时代。《懂没神词》也是这些男人游玩"好地方"，品味"好吃的"，一边喝酒一边聊天的设定啊。

至恩　有一期节目他们去了江陵市的乌竹轩[1]。作家柳时敏指出，"申师任堂这个人物仅仅作为栗谷李珥的母亲被赋予意义，这是有问题的"。这句话本身当然是有意义的，但反过来看，连要改变对女性认识的话都只能由男性知识分子说出，这样才会被听到。有权威的男性在发声时不会被反驳或很少被反驳，还可以因此进一步扩大自己的领域或价值，这太矛盾了。比如，女性在这样的主流节目中可以像他一样严肃而直接地发表女性主义性质的言论吗？只要一张嘴就会……

希定　就会被说是"女拳"（Megalia 或 Mega）啊。

至恩　所以当这个节目的嘉宾性别比例受到批判时，制作团队表示"并不是没有考虑过邀请女性嘉宾，不是故意只邀请男性来节目的"。虽然考虑过，但名字或面孔被大众所熟知的女性候选人确实也比较少，女性专家也像女性综艺人一样，很难获得出演机会，这是个恶性循环。

希定　我参加的节目《刻薄男女》也是在最后阶段才决定

1　乌竹轩是朝鲜时代著名的女书画家、诗人申师任堂与她的儿子、思想家栗谷李珥生活过的地方，因屋边布满深色的竹子而得名，是韩国国宝第 165 号文物。

邀请女性专家的。一开始我也说不太想参加，就提供了几位女性主义者的联系方式给节目组，但大家都表示不愿意参加。我想是因为已经形成了女性不敢轻易出演这种节目的文化体系了。

允玉 是啊，因为会站在争议的中心。

希定 现在，每当我出现在编剧学院这种公开发言的场合，都会说如果需要女性知识分子出演的话请联系我，我会介绍和柳时敏一样聪明的人给大家。另一面，我也会对女性主义者们说，如果受到邀请，尽量出演，没关系的。我会这样来鼓励她们，我们也需要更积极主动地展示自己。

至恩 我其实没有那么深入地了解过韩国的女性主义历史，但当我听到过去的一些女性主义者被迫成为公众人物、在很长时间里遭到非常顽固的攻击后，我开始理解她们为什么都不太出现在媒体上了。在韩国，如果一位女性在电视节目中表明"我是女性主义者""我为女性争取权益"，和大众进行某些互动的话，危险因素是非常多的。即使如此，我还是希望当机会来临时，女性可以把握住机会。我太清楚她们不得不犹豫的理由究竟是什么，现在的我作为观众，会支持女性，也会更宽容地评价她们。

允玉　不仅仅是演艺界或综艺领域，日常生活中女性也应该对女性更宽容一些。

至恩　除此之外，还有一些大叔娱乐的形式。几位在看综艺的时候有什么感觉不舒服的地方吗？

允玉　年轻女性艺人出演的时候，中年男性艺人和她们开玩笑的方式让我不太舒服。

至恩　这种情况真的太常见了，《认识的哥哥》就是代表。连续好几周的节目内容都是金希澈以香烟为素材调笑女性嘉宾的。本来香烟是一种没有性别之分的嗜好品，但女艺人吸烟在大众认知里是不被允许的。他抛出这种很难脱身的问题，把女性塑造成一种不够洁身自好的形象，让对方感到羞耻。这个嘉宾瞬间就变成有弱点的人了，价值被削弱了。

希定　不是，烟怎么了！

至恩　重要的并不是到底有没有吸烟。而是当吸烟的话题出现时，观众可以欣赏女嘉宾慌张的样子，这本身成了一种素材。而当一名女性面对这种话题时并不慌张或比较强势地回应的话，就会强调她是"会玩的女人"，开始贬低她的形象。再比如，在节目中以"男性是被女友压榨的冤大头"这种主题来创作的搞笑剧非常非常多，综艺上的男演员高喊着"你的生日我送名牌包，我的生日就只有十字绣吗"这句口号，获得了极高的人气，这样的男性形象最终与大众对年轻女性的嫌恶连接起来。所以我认为，我们需要更具批判性地来看大众文化。

希定　我录制节目的时候，一位男嘉宾说"节目是不是太偏向女性了"，我们就问他"那么我们讨论什么比较好"，结果他的第一个回答就是"名牌包"——希望可以讨论一下女人为什么喜欢名牌包的问题。当我们女性在讨论女性的死亡、网络性犯罪、堕胎罪这样的话题时，你们男性还在因为没法讨论"名牌包"的问题而感到委屈啊。

至恩　就像大部分的人际关系一样，恋人之间也不可能永远都是平等的，一方榨取另一方的关系在实际中是可能存在的。但这个压榨者有时候是男性，有时候是女性，而榨取的是什么东西——是性榨取，还是物质、情感上的榨取，每一种关系都不同。但对男人来说，"名牌包"话题却如此重要，几乎成为男女间唯一存在的矛盾。

允玉　我认为可以这样解读：在1997年的韩国外汇危机后，男性地位确实直线坠落，但这并不是因为女性抢夺了属于男性的东西，而是随着新自由主义盛行，劳动市场变得充满弹性，男性劳动者的地位被削弱了。这原本是个结构性问题，他们却把其转移为女人的问题。

至恩　这也是一直以来民众在大众文化的诱导下形成的观念。

允玉　他们总是很轻易地就得到"猎物"，惯于批评并嫌恶猎物，获得精神上的胜利。而当别人批判这一点的时候，他们又觉得委屈。即使告诉他们男女并不是对立的，希望可以寻找两性共生的方法，这个沟通本身也总是不顺畅的。

希定　我曾和一位高中教师聊过这样的话题。在课间休息的时候，男学生们总是在谈论"逆歧视"，女孩子都是会让他们买名牌包的"花蛇"[1]"拜金女"。这位老师问"那你和女生交往过吗"，男生们就会回答"虽然我目前没有交往过……"。韩国十多岁的男性其实很难具备"和女性交往"的实际操作能力，他们多是从某个在网上认识的"大哥"或者"大哥的熟人"那里听到了类似的言论。所以我认为，所谓的"名牌包矛盾"，在现实生活里并没有我们在文化领域看到的这么多。

1　韩国文化中，"花蛇"常用来形容传统意义上的"坏女人"。（编者注）

至恩　这种传言几乎像都市怪谈一样悠久而广泛地存在着。

允玉　男人有一种自己拥有的东西总是被夺走的被害者叙事，所以韩国社会才一直宽容他们。女性的声音被排除、被忽视是一直以来的趋势，否则 2015 年时女性怎么会被逼到街头去[1]呢？我们学习到的平权理念与身体感知到的现实相差太远了。

至恩　不止女性综艺人，应该说所有在工作的女性都处在这样的情况中：年龄增长的同时，个人的履历却没有累积，反而被认定为自身的商品价值在降低。

允玉　在一般公司也是一样的。

至恩　公司只希望招聘年轻的女性。

允玉　是的。因为招我一个人的岗位可以招两个年轻女性。

1　2015 年是韩国的"女性主义重启"之年，这一年爆发了"首尔地铁江南站女性目标杀人事件"，引发了韩国女性普遍的恐惧与愤怒。

至恩　上了年纪的女性没有那么好欺负。我们既不是他们盼望的那种角色，比如漂亮背景板或可以拼凑恋爱话题的女性，也不愿意听他们的男性说教（mansplain），所以他们既讨厌女人赚钱多，又讨厌女人在顶峰待的时间太久……

创造出更多的话语，
创造出更多的可能

允玉　今天我们聊了只有男性存在的综艺——大叔娱乐，也讨论了其背后有哪些形式。在结束之前，我们还想再聊一下我们应该如何去做。听众中应该也有不少喜欢看我们今天批判过的节目的人，他们也许不知道自己是否应该继续欣赏这些节目。

至恩　我也思考过很久，作为个体我可以做些什么。但无论我尝试什么，结果都不太让人满意。我们在看某个节目时感觉到有趣，这一点是无论如何也无法立即扭转的，不会因为大脑知道这个节目是"坏"的，就马上"讨厌"这个节目。只是，我想我们可以从自己开始，不断提问，不断自我审视——（这个节目）是不是对女人太过严厉，而对男人太宽待了？对于女性，我可以接受何种程度的对待，也就是说，是否可以接受和男性同等的底线？我是否带着公平的标准来看待事物，是否以太过男性中心的视角来看电视节目，这样的偏好在综艺市场中起到何种影响，等等。

再进一步的行动比如，节目上发生厌女言论事件时，女性听众会在社交媒体上分享节目的广告商或赞助商的企业名单，向这些企业表达"拒买"的不满。虽然并没有获得非常显著的成果，但我认为这创造了某个文化觉醒的契机。当然，我的苦恼是，除了作为消费者可以有所行动之外，我们到底还有没有其他方法可行。应该寻找不局限在消费者身份的，以其他方式推动改变的可能性。

允玉　对女性太严格，而对男性太过宽待这个发现非常重要。

希定　想要得出一个答案不太容易。消费者运动虽然也很重要，但那并不是只属于我们的武器。反女性主义者同样可以把"拒买"作为武器，对女性主义和女性进行攻击。尽管如此，创造出更多的话语是非常重要的。就像之前说过的，一个人认为"什么是有趣的"，其实是一种惯性。我认为应该从仅靠观看熟悉的内容来获得乐趣，转变为以批判性的目光看熟悉的内容，进而想象新内容，从而获得乐趣。在不断寻找不同的、新的乐趣的尝试中，电视节目文化是不是也会随之改变。

允玉　所谓大众文化，就是展示这个社会最普通尺度的载体，所以，这些节目也许正在准确地反映现在韩国社会的现实。

至恩　啊，今天的对话特别有趣呢。每当我思考这些问题的时候，我总会想，其他人应该也和我有一样的苦恼吧？即使还没开始苦恼的人，现在也应该一起思考吧？我盼望越来越多的人拥有问题意识，能够一起行动。

希定　所以让我们更加努力吧。☺

允玉　大众文化确实是在真实地反映社会啊。韩国女性劳动者会一直在劳动市场内呼吁拒绝性别歧视，没想到综艺中的不平等情况也到了需要配额制的地步。我对"消失的女性的故事"这句话感到非常悲伤，女性真的在不断消失啊。我认为确实到了要打破这种现实的时候了。那么，让我们下期节目再见。谢谢大家！

崔至恩的后记

　　《懂没神词》第 3 季与第 1、2 季的不同，正是得益于首位女性嘉宾金镇爱博士的加入。在需要知性与权威的位置看到女性的面孔，是一种陌生的经验，一定要描述的话，就是无法否认的被填满的心情，一种确认自己的存在并没有被这个世界消除的感觉。

　　金镇爱博士通过自己的社交媒体表达了"'首位女性'的形容并不让人愉快。如果有《懂没神词》第 4 季的话，相同的男女嘉宾人数产生的化学反应应该更有趣吧"的意见。当然，电视台还理所应当地制作着嘉宾全员男性，或者像发善心一样只请一名年轻女性的各类节目，讲述丈夫们如何摆脱现实生活的陈腐大叔娱乐也仍在制作中。似乎是认识到电视节目要有"多样性"，所以加入了外国男性，自然而然地删除了韩国女性。虽然看到了女性综艺人的进步，但给予女性的位置仍然少之又少，而"大叔"们的饭碗却不受影响，又或只是换成了新碗。我会一直看着他们，看他们可以存在到什么时候。

"女儿奴"时代的厌女

嘉宾　许允

　　本科和硕士均毕业于韩国梨花女子大学国文系，以论文《20世纪50年代韩国小说的男性性别操演》获得博士学位。她也是一位大众文化研究者，涉足领域包含韩国、中国、日本、美国的电影、电视剧、综艺、偶像文化。

　　与他人共著有《性别与翻译》《嫌恶主义》《神圣的国民》《没有那样的男人》《打碎文学的文学们》等，译著有《逃离》等。

引 言

允玉　在剖析韩国以男性为中心的综艺产业时，我们一直有个好奇的问题，希望在本期进一步讨论。孙希定老师，请您介绍一下本期的主题吧？

希定　上期嘉宾崔至恩记者指出，现在家庭综艺太多了，展现爸爸育儿日常的节目也越来越受欢迎。本期要讨论的是家庭综艺和爸爸们出演的育儿节目（简称"爸爸综艺"），以及其中常常出现的"女儿奴"叙事。我们邀请到了"爸爸综艺"的专家，也是"男性特质"分析学大师，韩国延世大学性别研究所的许允老师。

允玉　请以热烈的掌声欢迎！如果说孙希定老师是我们身边最厉害的性别研究专家，那这位可以说是韩国最厉害的专家了吧？ ☺

希定　我虽然也想这么介绍，但可能会给许老师带来负担，就介绍她为我认识的人中最厉害的专家吧。

许允　大家好！我是延世大学性别研究所的许允。

允玉　首先，老师您为什么对家庭综艺和"爸爸综艺"这么感兴趣呢?

许允　我原来就很喜欢看有小孩参演的综艺节目,也是看《god 的育儿日记》[1] 长大的。《爸爸去哪儿》或《超人回来了》(以下简称《超回》)开播时,我正在苦写博士论文。就像高三时除了学习干什么都有趣一样,那时看这种综艺节目对我来说是一种享受。每周看看那些视频,就感觉很幸福。我最喜欢《超回》里的秋小爱[2],还下载了单独剪辑的"小爱篇"视频保存在移动硬盘里,一共几十个 G 吧。☺早上醒来,睁开眼睛,吃饭,看一期小爱出演的《超回》,之后才进行论文写作,我的一天就是这样度过的,可以说是和小爱一起写成的论文。所以,顺利获得学位之后,我想着"完成博士论文都是托小爱的福",甚至考虑过给小爱所属的公司寄一份论文。总之,我曾经特别喜欢家庭综艺。

希定　看来许允老师进行"爸爸综艺"研究的推动力是小爱啊。直到现在,小爱要是拍了画报,她还会发给我照片,让我快看。

许允　是我的偶像。

1　一档育儿观察类综艺节目,也是男子组合 god 跃升为韩国国民组合的重要契机。
2　秋小爱(2011—　),韩国格斗家秋成勋与日本超模矢野志保的大女儿,曾与父亲一同出演真人秀综艺《超人回来了》,赢得了超高的人气。(编者注)

希定　认真的人无法赢过享受的人，享受的人无法赢过粉丝。"粉丝"应该是一名研究者最厉害的附加身份吧。也许本期我们也可以欣赏到粉丝的研究能力。

"爸爸综艺"为什么这么火

许允　其实我一直很疑惑，为什么爸爸们总是出现在大众文化中？以 2013 年开播的亲子真人秀《爸爸去哪儿》为开端，再到同年开播的另一档育儿节目《超人回来了》，2015 年又上线了一档《拜托了爸爸》，这种节目一直在不断涌现。

希定　听上去就一点也不想看啊。

许允　《超人回来了》是在周日的黄金时段播出的综艺节目，是霸主级综艺《无限挑战》的收视率竞争对手。而《爸爸去哪儿》的节目模式已经出口到了中国，中国版的人气也极高，已经播出五季了，其节目模式和韩国版差不多，由奥运冠军、电影导演、模特等名人爸爸带着子女走出家门，一起在外生活。我认为，这种家庭综艺可以称作一种东亚现象。

希定　这是处在了韩流的中心位置啊?

许允　是的。这种节目也被称作"电视台的大孝子",在综艺界发挥着巨大的影响力,连周边的销量也非常惊人。

允玉　我们几个不怎么看,也不太了解,所以现在都一脸震惊地看着许允老师。决定解剖"爸爸综艺"时,只是感慨这种节目不仅如此之多,还形成了长期的趋势。所以《超回》和《爸爸去哪儿》是同样的内容吗,那种爸爸带着孩子外出生活的模式?

许允　不是的。《超回》最初的设定是展现爸爸们的育儿日常,但一直在家里拍摄的话画面会非常无聊嘛,所以偶尔也会带孩子出门玩耍。

希定　在《爸爸去哪儿》里,我印象比较深的一点是,爸爸带着儿子出去,其中会夹着一个女儿,比如宋钟国的女儿。女儿和儿子之间,总是有种紧张关系的嘛。节目中,女儿一直被动地成为"公主",而男孩们一直被灌输如何成为"好男人"的理念,相关内容和字幕都让我非常不快。

许允　《爸爸去哪儿》的第一期是去江原道的山洞里。当时是冬天，地面都结冰了，路上都是泥水。宋钟国为了不让女儿的脚沾上泥水，抱着她走了一小时的山路。

希定　男孩子们都踩在泥水里？

许允　是的，这可以说是一个象征性的画面。那时他的女儿应该也有六七岁了，算是比较大的孩子了。

希定　所以宋钟国最终获得了"女儿奴"的名称？

许允　对。凭着"女儿奴"的身份他获得了很高的人气。只不过在《爸爸去哪儿》后，他被曝出绯闻，离婚后失去了所有资源。其实在韩国，"女儿奴"至今都是非常诱人的话题资产，而他失去了这一切。

允玉　那么参加《超回》的孩子们呢？

许允　李辉宰带着刚满百日的双胞胎儿子出演了，他们是《超回》里最小的孩子。张允贞夫妇第一个孩子的生产过程也是通过《超回》公开的。

希定　不是，你怎么能每个问题都对答如流啊？让人震惊。

许允　对不起。

允玉　真的，什么都知道。☺

许允　让我用"粉丝不死，总会归来"的名言接续下一话题。一般这种节目拍的都是孩子从幼儿到小学低年级的阶段，因为孩子稍微大一点的话观众就会觉得没趣了，《超回》尤其有意识地降低了明星子女们的年龄。

希定　"爸爸综艺"中的孩子们也在渐渐长大，现在还出现了爸爸观赏女儿恋爱的综艺。

许允　就是短暂播出过的节目《拜托了爸爸》，扩张版叫作《我女儿的男人们》。该节目设置了密集又贴身的摄像头观察二十多岁的女儿们如何生活，爸爸们则坐在演播室观察并交流讨论。类似的节目带来了诸多有关"金汤匙"（星二代）的争论——很多人认为女儿们享受着爸爸们挣来的一切，生活得太舒服了。曾经，"爸爸综艺"的主要目标群体是二三十岁的未婚女性和五六十岁的中年人，但现在的二三十岁女性并不想看到这样的内容，所以受众群体也相应缩小了。

允玉　总之，展示照顾子女的父亲形象是真人秀综艺的大势所趋啊。其实一直以来，韩国社会的父亲与子女之间的连接都是失败的，所以才要在大众文化中去除那种权威的、充满父权意味的"男性特质"。近年来的"爸爸综艺"是否可以看作这种问题意识的反映呢？

许允　这类节目的初衷，很大程度上带有您说的这种意图："寻找父亲在家庭中消失的位置"，但它们是否真的展现了亲子关系的重建，仍值得观望——在子女成年之后，与其说是与父亲重新建立关系，倒更像是被父亲监视；而在子女未成年的情况下，比起与父亲建立关系，更像是把家庭的主要养育者暂时换成父亲而已。事实上，在录完节目之后，孩子又重新回到母亲身边，可以说节目带来的效果与初衷相去甚远。

女性的浪漫幻想，
男性的营销策略

希定　我还是对"女儿奴"这个形象很感兴趣。为什么会出现这么多"女儿奴"？换句话说，"爸爸综艺"也好，育儿综艺也罢，其实并没有哪对父子引起了话题，可唯独父亲与女儿的组合人气大增，备受关注。

许允　其实早在 2010 年初，"女儿奴"这个词就在网络上出现了，不过当时的电视节目里没有特别符合这个词的形象。秋小爱的爸爸秋成勋算是第一个展现了"女儿奴"样态的人物。我认为，"女儿奴"这个词的人气如此之高，有两方面的原因。一方面是二三十岁的女性观众会对此怀着"他如果是我孩子的父亲该多好"的愿望，毕竟在现实中，既有稳定的经济基础又能独自照顾孩子的父亲，几乎是不存在的，那样的男性可以说是女性的理想幻影。而另一方面，未婚未育的男艺人在与儿童演员一起拍照片时，也会以"女儿奴"为噱头展开宣传，进一步强化了这个词的传播。

希定　为什么啊？又不是自己的女儿。

许允　就算不是，但"他以后一定是个'女儿奴'，看看他看着孩子时从眼睛里流露出的温柔"……这些都属于男艺人的个人魅力和卖点。

希定　看来"女儿奴"成了男性艺人的营销策略或资源啊。

许允　也有不少男性搞笑艺人自称过"女儿奴"，又很快被揭穿真面目，只能黯然退场。

希定　都是怎么被揭穿的呢？

许允　只要父亲在社交媒体上传和女儿的合照，表现父女感情好，就会成为热门话题，不是吗？但也有人上传了不当内容，不仅没有获得喜爱，反而引发了公愤。比如一名男性搞笑艺人把气球放在女儿胸部，上传"女儿奴照片"后被批判——这其实是在"性化"女儿。总之，"女儿奴"成了男性艺人都想冠上一次的名号。

允玉　不仅在综艺中，我们日常生活里也是，一个人稍微对自己女儿温柔一些，就有人说"哎哟，真是个女儿奴啊"。这个词成了男性正面形象的替代用语。

许允　我觉得现在人们已经习惯性地乱叫"女儿奴"了。最奇怪的代表性场景是在《爸爸去哪儿》中，成东镒带着女儿去自己曾和妻子约会的餐厅。

希定　和女儿约会？

许允　对，和女儿约会在"爸爸综艺"中出现得非常频繁。其实成东镒和温柔的"女儿奴"形象相去甚远，他认为作为一家之长，父亲只要赚钱回来就可以了，是一个会对七岁的儿子说，"如果爸爸不在了你要照顾妈妈和妹妹"的人，所以他对性别规范有严格要求就一点也不奇怪了。成东镒的女儿非常活泼，成东镒总是对她说"你要像女孩一样坐""不要跑动"……"像个女孩样"也是"爸爸综艺"或育儿综艺的关键词。总之，成东镒和女儿去了曾与妻子一起去过的汤饭店，让女儿坐在妻子坐过的位置上，然后教她说与妻子初次相遇时的对话。特别奇怪吧？

希定　等等，为什么啊？

许允　其实他是把女儿性对象化了，电视剧《隧道》[1] 中也有相似的场景：父亲穿越时空来到了二三十年后的世界，遇到了已经成人的女儿。女儿很小的时候父亲就失踪了，她一直都很想知道父母是谁。遇到穿越到未来的父亲后，他们一同去了父亲曾和母亲约会过的中餐厅，吃着母亲喜欢的饺子，聊着母亲是怎样的人。但这是穿越后发生的场景，所以父亲和女儿看上去就像恋人一样。

希定　真怪啊。

许允　《隧道》里的父亲一直在对女儿唠叨"晚上锁好门""饭要记得吃"这些韩国电视剧中男人最常对女友说

1　剧情梗概为，一个警察为了追缉女性连环被害案的凶手，从 1986 年穿越至 2016 年，通过凶手再度留下的线索侦破了悬案。

的话。剧中的女儿在成年后已经是大学教授这种精英女性了，但父亲却像对待小孩一样对待她。这个场景展现的难道不是把女儿性对象化的方式吗？"女儿奴"爸爸就是在用"女人要早点回家，不能喝酒，恋爱应该如何如何"的方式，把女儿当作持续监视的对象，管束她的恋爱乃至性生活。

允玉　虽然通过育儿把父亲拉回了家庭中，却没有思考父亲和子女应该建立何种关系。

许允　是的。《我女儿的男人们》就是这样的。用摄像机直播女儿恋爱的过程，父亲在演播室观看，互相交流。把女儿刻画成不成熟、无法独立、需要爱人或父亲保护的对象。我想起金健模的母亲在《我家的熊孩子》中常挂在嘴边的话："我们健模这样的算非常优秀了，是非常优秀的艺术家，是非常优秀的人。"可从来没有人说她是"儿子奴"。

希定　这些话特别典型，而且历史悠久。

许允　就是说啊，因为"儿子奴"太平凡了。所有的母亲都"应该"是"儿子奴"。

妈妈一直做的事，
爸爸只做一次就成了"超人"

允玉　一面是女性观众的浪漫幻想，一面是男性艺人的资源化，"女儿奴"作为一种社会心理学现象，其背景又是什么呢？

许允　"爸爸综艺"展示了"双职工家庭"时代的一种模范夫妇形象，以及一种"有个又会过日子又能照顾孩子的男人该多好啊"的浪漫幻想。最近韩国政府推动的政策中，有一条是延长男性的育儿假。有调查显示，2017年上半年，民营企业中使用育儿假的男性为5101名，比2016年增加了52%，此时正是让韩国民众在认知中逐渐接受并强化男性育儿观念的好时机，而这些节目也存在一定的积极影响。同时，众多女性"不能只有我一个人累死"的醒悟，引发了更大范围的共鸣，毕竟在我父母这一代，母亲哪怕短暂离家也是不可能的，时代确实在改变。

允玉　是的。韩国女性劳动者会也在一直提出"既然有双职工，那为什么没有双照护"的丧偶式育儿问题，呼吁平等育儿、共同照护，夫妻一起承担家务。那么，"爸爸综艺"算是准确解读了韩国社会的某种变化节点，正在起积极作用吗？

许允　某种程度上是这样。比如《超回》第1期，李辉宰家刚满百天的双胞胎发了烧，他抱着孩子跑进急诊室，结尾的场景是他在医院哭。渐渐地，他带孩子越来越熟练了，曾经连尿不湿都不会换，后来都能指导别的爸爸育儿了。他还凭借这个节目获得了演艺大奖，出演时间超过了五年。

希定　只有双职工没有双照护的现状，让女性不得不成为女超人，甚至还出现了在职母亲过劳死的情况。所以让男性回到家庭领域的社会期待能在综艺中反映出来，这很不错。但是爸爸们因为参与育儿成了"拿铁爸爸"，而妈妈们却被叫作"妈虫"。

允玉　"拿铁爸爸"？

希定　就是把一手推婴儿车一手端咖啡的爸爸称作"拿铁爸爸"，指一种帅气又顾家的好爸爸形象吧。但在韩国，如果女人在推着婴儿车的同时还想着喝咖啡的话，就会被叫作"妈虫"[1]。为什么育儿的男性被抬高身价，育儿的女性想偶尔休憩就会被当作家庭蛀虫，这令人深思。

1　"妈虫"这个称呼，以及全职妈妈连闲暇时喝杯咖啡也会被批评的细节，在韩国著名女性电影《82年生的金智英》中就有所体现。（编者注）

许允　从这个角度思考综艺的话，其实也还是有一些"妈妈综艺"在播出的。只是在这类节目中，主要描绘的还是韩国妈妈的那种典型形象，督促孩子学习的妈妈、总想教育孩子的妈妈、催促子女吃饭的妈妈，没有什么特别的魅力。

希定　这些妈妈都是现实中一直可以看到的形象，所以没有必要在电视节目中再看一遍吧。

许允　是啊。这些上节目的女性嘉宾其实都是很了不起的职业女性，是工作家庭两手抓的女超人，但她们在面对孩子时所做的事，和我的妈妈也没什么差别。在综艺中，她们没法展现更大的魅力。

允玉　原来是因为没有颠覆性。

许允　对。她们也因为在节目上表现得没什么意思，或没能达到大众对传统妈妈形象的期待，比如做饭做得不够好之类，而引发了观众的讨论。节目组甚至还会特意强化嘉宾的这类特点，把她们当作"不良主妇"来刻画。而"妈妈综艺"的看点之一，本来就是展现妈妈与子女之间的矛盾，自然也难免有嘉宾因此受到了观众的攻击。所以，并没有能持续太久的"妈妈综艺"。

希定　而爸爸只要做一下妈妈一直在做的事，就成了"超人"啊。

许允　在"爸爸独自育儿"的综艺叙事中，其实节目里的爸爸一直在靠"忍一忍，妈妈就快回来了"的说辞来安慰孩子。等妈妈归位后，爸爸把孩子交给妈妈，自己就瘫倒在地了，留下充满温馨亲情的结尾。这种叙事传达的其实是"爸爸育儿的短暂时光是特殊的，主要养育者仍然应该是妈妈"，所以，其反而强化了以所谓"超人爸爸"为中心的韩国正常家庭意识形态[1]。甚至因为爸爸参与了育儿，所以爸爸的爸爸，也就是爷爷，也在节目中登场了。

希定　非常准确地展现了从父亲到儿子，从儿子到孙子的父系关系啊，母亲被完全抹去了。

许允　对。虽然在极少数的情况下，奶奶们也会出现在综艺节目中，但因为她们做家务带孩子都很熟练，所以显得无趣。

1　正常家庭指由异性恋的父亲、母亲与异性恋的子女组成的典型核心家庭，被认为是一种理想的家庭形态，但这个词也传递出其他不同形态家庭（单亲家庭、无子女家庭、领养家庭、非婚同居家庭、祖孙家庭、同性婚姻家庭）是非正常的含义。（译者注）

希定　虽然大众文化在家庭劳动中给父亲创造出了一个位置，但母亲的劳动和位置也因此再次隐形了。母亲的历史被剥夺了。

许允　有趣的是，在 20 世纪 90 年代人气非常高的小说《刺鱼》中，男主角的妻子与他离婚后去了法国，留下他独自抚养生病的孩子。孩子治愈后，他却得了癌症。他没有告诉前妻自己的病情，而是把孩子送到了她身边后选择独自死去。

希定　不是，为什么啊？

许允　因为很爱孩子，但这里我们需要提出问题：这样的故事是在暗示女人抛弃了孩子吗？ 在 90 年代到 21 世纪初年，这样的叙事并不少见。

希定　90 年代人气非常高的电影《妈妈先生》也是相同的情况，电影的开头就是主人公的妻子抛弃家庭去留学，被抛弃的男人如何鸡飞狗跳地独自育儿。进入 21 世纪后，母亲干脆消失了，全部都是父亲救女儿的故事。《汉江怪物》或《釜山行》都是类似的电影，"在灾难中，只有父亲能救回女儿"。

允玉　这是极度厌女的叙事。哦，现实生活中那么多抛弃孩子逃跑的男人，却没怎么被大众文化产品呈现过。

许允　同一时期里还有一种说法是"被父亲养大的孩子会变聪明"，尤其在 1997 年的外汇危机之后，大众文化开始加倍鼓吹"只有父亲参与到育儿中，才能给孩子的均衡成长带来更良好的影响"，此阶段中，"高尔夫爸爸"的关注度极高。

允玉　"高尔夫爸爸"？

许允　父亲们牺牲自己，在女儿身后服务，才能把她们打造成高尔夫明星——这种献身叙事收获了极高的人气。特别是高尔夫球运动员朴世莉，1998 年的美国公开赛上，她成功击出掉在水坑中的球获得冠军，这与外汇危机时期的社会问题也正好重合，使她成了"韩国必将战胜危机"的象征，人气极高。相比父亲的"献身"，母亲想要贴身照料高尔夫球选手是比较困难的，因为高尔夫球选手从训练到参赛都需要长期滞留海外，而母亲很难就那样离开家庭。同时在这类故事中，媒体非常喜欢报道父亲如何自豪于自己对女儿的"照护"，但是这些父亲最感自豪的"照护"是什么呢？是自己如何监视女儿的恋爱，严格禁止女儿喝酒或与男人约会。虽然他们的本意是让女儿可以专心于运动,但我在想,如果是儿子的话,父亲也会像这样时时紧跟、管束他的恋爱吗?

希定　这也与"女儿奴"叙事完全重合了。

父亲总是很辛苦,
那其他的家庭成员在做什么?

允玉　确实,"女儿奴"是我们的时代特有的现象之一,那么这种"女儿奴"的父亲形象是如何在大众文化中被一步步刻画并发展至今的呢? 实在让人好奇。

许允　要讨论这个话题,我想应该追溯到上个世纪90年代。这个时期里,大众文化所刻画的父亲形象已经起了变化,那时候说起父亲形象,大家一般想到的是"大发爸爸"。

希定　《爱情是什么》?

许允　对,就是20世纪90年代的超级热门电视剧《爱情是什么》中由演员李顺载所饰演的父亲角色。这部作品创造了韩国电视剧史上最高的收视率,还出口到了中国,可以看作是最早的韩流电视剧。

《爱情是什么》讲述的是青年男女大发和智恩从恋爱到婚后的故事。大发家是非常保守的传统家庭，而智恩家是非常民主的新时代家庭，两家之间的矛盾就是主要的情节，而"大发爸爸"这个角色的人气几乎跟主角一样高。所以，也可以说，这部电视剧讲述了一个秉持传统父权的父亲遇到新时代儿媳妇后渐渐做出改变的故事，而这也是90年代特有的一种社会现象，此时正是国家呼吁女性"走出家门"，宣传"工作的女性是美丽的""工作家庭两手抓"的时期。

希定　也是"女超人情结""新时代主妇"这些用语流行的时期。这么来看，大发爸爸的变化也正是韩国社会的变化。

允玉　我对智恩的妈妈印象很深。那个时候的韩国，西式床还不是很流行，但智恩妈妈习惯于睡床。怎么说呢？就是"散发着黄油香味"的那种家庭。

许允　新式家庭?

允玉　对。主妇不用每天睁眼就要准备早饭，想说什么就说什么。让那时的我觉得要是以后也能这样生活就好了。

许允　这样的新时代母亲，就会认为"女儿要和我过不一样的人生"，所以把女儿智恩送进大学接受教育，不强制女儿做家务，也不教她怎么过日子。

希定　但是，你们知道这个新时代母亲在剧里叫什么吗？是"韩心海[1]"。

智惠、允玉　！！！

许允　相反，金惠子饰演的大发母亲的名字是"顺子"。顺子是献身型主妇，几乎像长工一样照看着这个家，还要求女儿也要像她一样服侍家里的男性。在这种文化差异下，受过独立教育的智恩在嫁入这个家后当然会出现激烈的矛盾吧？这部漫长的电视剧最终以大发母亲卧病在床、大发父亲在厨房做饭的场景结束，可以说是传统父权制在与新时代女性正面冲突之后，进化为稍微好一点的父权制的故事，非常符合 90 年代的氛围，李顺载也因此赢得了"优秀的男性指导者"这样的口碑。

希定　他甚至凭借这种韩国传统男性的"人设"当上了国

1　音同韩文"한심해"，意为让人寒心，伤人感情。（编者注）

会议员啊。

许允　是的。然后这样的李顺载在 2000 年以后……成了"A 片顺载"。

希定　《搞笑一家人》[1]?

许允　是的。如果说《爱情是什么》中李顺载的变化是韩国社会的变化，反映了父权制从严守传统到接受新文化的变化，那么《搞笑一家人》反映了 2000 年以后韩国的何种样貌呢？做过国会议员的"韩国一家之长"为什么在 2000 年以后就成了"A 片顺载"呢？有趣的是，在《爱情是什么》中，男主角大发的设定是很受欢迎的医生，而《搞笑一家人》中的儿子们则属于不受欢迎的那种人，一个是无业游民每天游手好闲，另一个离婚后就一直生活在父亲家里。与此相反，剧中的儿媳妇们都属于性格果断、能力出色的角色，工作实力比父亲辈更强。

　　在这样的家庭背景设定下，李顺载扮演的爷爷想偷偷用孙子的电脑看 A 片，却因为不熟悉操作而最终被家人发现，"A 片顺载"便是由此而来的。总之，李顺载在这部剧

1　2006 年至 2007 年在 MBC 电视台播出的情景喜剧，导演金炳旭凭借该剧被誉为改变韩国情景喜剧历史的导演。该剧播出时突破了 20% 的收视率，人气极高。特别是演员们收获了"A 片顺载""迷糊敏贞""OK 海美"等昵称，流传甚广。

里成了一个失去权威的家长，虽然一直都在责备儿子和妻子，但全家人都无视他。这一形象也正与金融危机之后大众文化中曾流行的"滑稽的男性家长"形象重合了。

允玉　一日三餐都让妻子准备的男人有什么可滑稽的？

许允　这种幽默其实是对"低下头的家长"的一种怜悯，"被家人无视的男人真是可笑又可怜"。以上聊到的这些电视剧都属于情景喜剧嘛，韩国情景喜剧的最大特征就是"家庭叙事"，其结构就是刚才提到的，老派家长以滑稽者的形象登场，与聪明的新派儿媳妇之间形成敌对结构。这种结构说明，大众文化对强大的女性的态度依然是有敌意的。后来，到了2013年，李顺载因为参加真人秀《花样爷爷》再次受到关注，成了只需眼观大局、目视前方的人气角色，"韩国一家之长"的样子又回来了。可见在近年来的大众文化领域，想要重新树立父亲的权威、寻找好父亲形象的欲望正在蔓延。

　　大家看了《爸爸好奇怪》[1]这部电视剧吗？这部电视剧中，大儿子在考公务员但一直落榜；二女儿卞惠英是个聪明的姐姐，由李宥利饰演；三女儿在高中时有被孤立的经

1　该剧的出发点是重新思考家庭中父亲的地位和价值，李宥利饰演的大女儿卞惠英因"快人快语"的性格广受欢迎，贡献了如"婚姻实习制"等流行语。

历，所以做什么事都没有自信。他们原本以为自己姓卞，后来发现父亲的真名叫李允石。父亲过去含冤入狱，被释放后为了隐藏自己的过去，就用别人的名字生活。在父亲找回自己真名的过程中，子女们知晓了父亲的过去并最终帮父亲洗清了罪名。这样的故事一共展开了50集，讲述一个和睦家庭中的好父亲，如何找回他的权威和姓名。

希定　这不是和电影《7号房的礼物》完全一样吗？《7号房的礼物》也是女儿成为律师，证明父亲无罪，还父亲以名字的故事，母亲在其中完全没有出现。

智惠　这种叙事是一种趋势啊。

允玉　电视剧完全无法反映现实，也无从想象新的家庭秩序，只是持续创作着以男性为中心的家庭叙事，进而不断巩固这种秩序。被歧视的女性在劳动市场中孤军奋战，在大众文化中却只有作为母亲、作为女儿的位置。

许允　即使电视剧非常写实，也会为了一个所谓幸福圆满的结局，突然走向毫无道理的方向。周末档电视剧就是让人发笑的，所有角色最后都会结婚、获得幸福。所以我认为，这种为了寻回父权而努力的善良子女的叙事实在是拍得太多了。

允玉　不管是电视剧还是综艺节目，总是被封闭在家庭的欲望结构中实在是太压抑了。大家希望未来我们的大众文化中可以出现什么样的故事呢？

希定　其实我能接受大众文化对疲惫的父亲给予安慰，男性家长并不是不辛苦。但问题是，大众文化中除此之外没有其他内容了。我想要看到有些不同的父亲、有些不同的母亲，或者有些不同的家庭。

许允　在韩男娱乐那期也提过，现在只要打开电视机，看到的全都是男人。男人旅行，男人工作，男人独自生活。在不断地重复讲述男性如何辛苦、父亲如何重寻权威的内容中，我们自然就会产生"其他家庭成员都在做什么"的疑问。简单来说，就是大众文化在打破传统家庭框架的叙事上太过无力了，以至于最终出现的都是这样的套路：再聪明的女性，也必须以善良女儿的身份回归家庭；再强大的儿媳妇，也要先解决公婆的生活危机。不得不让人怀疑创作者们是不是一次都没有想象过家庭之外的女性形象。21世纪初年有一部叫作《大婶》的电视剧，讲述的是一生都被丈夫无视的主人公吴三淑决定与丈夫离婚，独自生活的故事。那时候的电视剧至少还会去刻画独自生活的出色女性，如果放在现在，在她离婚后就会出现一位年轻的部长。从这一点上讲，我无法不认为现在的家庭主义反而被进一步强化了。

允玉　确实，像今天这样集中地用性别视角来审视大众文化，越看越觉得有非常多不得不提的问题。重新思考被遮蔽住的故事本身，又似乎撕开了一个小小的、可以呼吸的口子，希望未来能在这样的口子里展开新的可能性。

希定　这样的希望什么时候可以实现呢?

许允　也许我们自己建立电视台的话，会更快一些。

允玉　我们做的播客节目也是多样的声音之一吧。那么今天的节目就到这里!

许允的后记

　　随着"#Metoo"运动扩散至整个韩国社会,《爸爸去哪儿》中的"女儿奴"父亲接连被揭发,他们对自己的后辈、一起表演的同行实施性暴力,可以算作"女儿奴"父亲占有女性、交换性资源的有力证据。现在,家庭综艺中的父亲仍旧一边说着女儿是"我真正的恋人"或"真不想让她嫁人",一边试图将女儿看作自己的私有物。《超人回来了》的热门话题虽然变了,但"像公主一样漂亮的女儿"和作为保护者的父亲这一结构仍然存在于节目中。父亲们毫不掩饰地对五岁的男孩说"要和朋友竞争才能得到漂亮的女孩",以漂亮的女儿为对象展开竞争的三角结构代代相传,不断强化。最终,在家庭综艺中,我们无法把"女儿"想象成独立的主体,比起作为一个"人",她只是留下了"女人"的身份。

是女战士，也是母系族长：

名为"金淑"的现象

嘉宾　沈惠敬

　　电影研究者，对任何时代的韩国大银幕都很感兴趣，也是一位在电视剧和综艺等大众文化领域里拥有非凡直觉的大众文化研究者。最近正在集中收听女性主义视角的播客节目，创作关于女性主义播客的书籍。

　　与他人共著有《好莱坞棱镜》《少女们》等。

引 言

希定 前几期的节目中，我们探讨了韩国以男性为中心的娱乐产业，太压抑了。本期我们想聊一聊打破这种现状的代表性女艺人，所以邀请到了可以最深入地聊这个话题的嘉宾——大众文化研究者沈惠敬老师。

惠敬 大家好，我是女性主义者孙希定的朋友、孙希定让我做什么我就做什么的沈惠敬。平常我会对各种各样的对象进行研究，今天来到这里，也是为了给大家介绍一位非常帅气的人物——金淑女士。

允玉 哇，让做什么都会做的朋友，真诚欢迎您来节目做客。

希定 《姐姐们的灌篮》号称是在男性主导的综艺领域首个打出"新女性综艺"旗号的节目，邀请到了当时人气颇高的综艺人金淑、演员罗美兰、歌手闵孝琳，以及偶像团体"少女时代"的成员 Tiffany 和说唱歌手 Jessi。本期，我们想在女性主义范畴内，探讨打开女性综艺时代的"金淑现象"，以及金淑的"母系族长淑"形象。

允玉 不过，我个人觉得《姐姐们的灌篮》没什么意思。

希定　我也是因为太喜欢金淑了，所以耐着性子在看。现有的一门心思想让女性"像个女人样"的电视节目框架中，几乎看不到这么多各不相同、充满活力的女性。

允玉　应该在制作层面更多地展现那种颠覆性才对啊。

希定　没能摸索出展现那种"厉害的气息"的方式。《姐姐们的灌篮》的设定是大家一起帮助每个成员实现梦想，等于把这些女性放置在"梦想"与"契约"的框架中了。更大的问题是，当时的制作团队似乎不知道这个节目到底应该给女性观众还是男性观众看，目标观众的设定出了问题。女性综艺人的活动领域本身就面临着这样的处境，所以嘉宾也不确定自己到底应该迎合男性，还是展现个性、成为与女性观众对等的存在。当然，今天我们讨论的金淑，非常聪明地找到了自己的位置。《姐姐们的灌篮》中，金淑想要实现的梦想真的非常有趣。

允玉　是什么梦想？

希定　考取大型机动车驾驶证，驾驶观光巴士，因为想和女朋友们一起去旅行。这其实也是一种关于"女性联盟"的想象力。另一位嘉宾闵孝琳的梦想是成为女团偶像，于是节目请来男性制作人，把他想象中女性偶像歌手的形象强加在了《姐姐们的灌篮》团队上。我对这一点有些厌烦。

"金淑现象"：
与父权制斗争的女战士

惠敬　我们在门户网站搜索金淑的名字看看吧？可以搜索出各种各样的称呼。大家都说一个自己想到的词吧。

希定　"God 淑"（淑神）。

惠敬　很好。还有吗？

希定　"母系族长"。

允玉　我记得还有"弗瑞奥淑"[1]。其实我原来并不是很了解，是看了您发来的资料才知道，原来她有一个庞大的粉丝群体。

惠敬　这其实是个非常独特的现象。一个搞笑梗火了又被

1　由电影《疯狂的麦克斯：狂暴之路》中的女战士的名字"弗瑞奥萨"与"金淑"结合而成的称呼。

遗忘，一个明星火了一段时间又消失，这种事情太常见了，十年里少说也有上千个这样的人吧，但像金淑一样拥有这么多的昵称、被如此多角度解读的人并不常见，所以我称她为一种现象，发生在她身上的一切与社会现实非常贴合。我就从"God 淑"开始说吧，这里的"God"是什么意思呢？

允玉　神！

惠敬　之前只会用在"God 妍儿"[1] 或"God 雪炫"[2] 身上的"God"，现在给了金淑，完全是大明星了。此外，"弗瑞奥淑""母系族长淑""淑 Crush"等词语是同时出现的。"弗瑞奥淑"是好莱坞电影《疯狂的麦克斯：狂暴之路》上映后出现的新别名，这部电影掀起了一阵"弗瑞奥萨热潮"，而观众认为金淑就像是综艺界的弗瑞奥萨。

希定　与父权制斗争的女战士。

惠敬　其实在韩国，母系氏族制（matriarchy）并不是一个被人熟知的表达。"母系族长淑"的昵称也格外有趣，可以说她带领我们进入了母权制替代父权制的假设。

1　指韩国花滑女王金妍儿，也是花滑史上第一位女单大满贯得主。（编者注）
2　指韩国女歌手、演员、前女子偶像天团 AOA 的首批成员之一金雪炫。（编者注）

允玉　真的是这样的！

惠敬　金淑还是那个金淑，可为什么突然备受追捧呢？她是什么时候开始变得如此引人注目的呢？

希定　这是真正有趣的部分。金淑的形象正是韩国人口中的"老处女"，直到现在，"老处女"类的角色都一直惯于用"结不了婚"作为笑料，以贬低自己或被别人贬低的形式出现在节目中。但金淑会驳斥它，进而创造父权制的镜像，也就是母系制度下的剧情，或者反问"不结婚到底有什么问题"。

大龄搞笑女如何杀出重围？

惠敬　大部分女性搞笑艺人是用外貌来争取工作机会的。因为长得漂亮而收获好感度，或者因为长得太丑而成为搞笑元素；如果不是这种类型，那就得是已婚，作为"母亲"或是"儿媳妇"，还能有那么几个节目的固定嘉宾可做。

希定　女人被局限和定义在了外貌或私人关系中。

惠敬　是这个意思。女性搞笑艺人获得男性与女性之外的"第三种性别"后，就可以出演一些益智竞猜节目，或是综合频道常有的"婆媳关系"节目。这是金淑和搭档宋恩伊在《出租车》这个节目中曾说过的话题。像她们这样没有孩子也没有婆婆的三四十岁搞笑艺人，没有可以固定出演的角色。

允玉　在韩国社会越来越保守化后，我就不怎么看搞笑节目了。之前这些节目里至少还有讽刺社会的环节，有值得看的内容，现在几乎找不到那样的讽刺了，反而多了很多嘲笑人的外貌或少数者身份的环节。想到这些，金淑当时真是像彗星一样出现了。

惠敬　从像彗星一样登场到走红，大约用了六个月的时间。决定性的契机正是播客"秘保"。金淑、宋恩伊像其他女性综艺人一样接不到工作，所以不管什么都愿意尝试做做。宋恩伊用自己的钱购买了麦克风和摄像机，搭建演播室来录音。她们一开始录了几期节目，也没有提前准备方向，结果收到的反响非常热烈，"秘保"一下子就登上了韩国播客排行榜的前列。

允玉　啊，那么"秘保"是我们节目的竞品吗？ ☺

惠敬　如果能成为"秘保"的竞品，那可太荣幸了。重要的是，在常规综艺中无法获得位置的女性主体走了出去，自己创造了可能性。播客影响力日渐上升，对寻找"代餐"的人来说，播客成了乐园。但播客原本也是由男性主导的媒体，直到金淑和宋恩伊进入这个领域，它才真的成为替代性的空间。口口相传下，宋恩伊和金淑重回大众视野，这个节目曾获播客排行榜第一位，目前也基本保持在前几名。

智惠　我听过几期，有期主题是"女性吸烟"。韩国社会本就非常保守，至今对吸烟的女性仍不友好。那期节目中她们分享了在哪里抽、怎么抽，还有如何不被发现地抽烟。

希定　"秘保"的节目形式是，听众发来自己的苦恼，宋恩伊和金淑解答，也算是一种咨询类节目，所以可以在这里讨论关于女性吸烟的苦恼。实际上"秘保"中说过很多关于吸烟的话题，金淑最好的朋友中，有一位"香烟女"，这位的搞笑天赋不输金淑，偶尔还会以声音出演的方式出现在"秘保"中，是嘉宾中人气最高的一位普通人。让她用"香烟"二字作一首二行诗，她答"喜欢吸烟，肚子疼也喜欢肚子饿也喜欢，一直喜欢"，一度成为传说。

允玉　真有趣啊。除此之外到底还能在哪里讨论女性吸烟话题呢。就像我们在《大叔娱乐》中提过，当"吸烟"遇到"女性"，女性形象总会被扭曲成"强势的"或"狡猾的"。

惠敬　只要是听过节目的人都知道，节目本身非常朴素。从"应该怎么理财""中了两次彩票，该怎么花这笔钱"等问题开始，到"今晚吃什么"，都是一点也不宏大的话题。如果需要外援，也只会邀请熟人来回答，有点像电话连线"专家"。火遍韩国的"购物小票"也是这样开始的。宋恩伊和金淑的熟人中最擅长理财的就是主持人金生珉，收到理财类咨询时，就会让他解答相关问题，后来衍生出独立节目"购物小票"。做着做着，她们创作出了比公共电视台节目更丰富多彩的内容。有趣的是，因为人气实在太高，SBS 电视台后来制作了几乎一模一样的广播节目"宋恩伊和金淑的姐姐广播"，这也是史无前例的。

希定　还有一点很有趣，"秘保"并不是一个充斥着女性主义问题的平台，也不是只有女性可以参与，有非常多的男性听众也会进行烦恼咨询。更让人好奇的是"秘保"中的"埃莱娜老师"，在"埃莱娜老师的烦恼咨询"这个环节，金淑会说着釜山方言，以埃莱娜老师这个虚构身份接受烦恼咨询。

惠敬　埃莱娜老师的设定是给有"选择困难症"的人提供

建议，偶尔也会替听众做决定的角色。换一种方式说，是个分享"人生智慧"的姐姐。

到底是吃海鲜面还是吃炸酱面呢？大家不是经常会有这样的烦恼吗？金淑作为爽快豪放的老师登场，干脆利落地替五千万国民做决定。其实我认为，埃莱娜老师这个角色可以很好地解释为什么是金淑因为"秘保"先火起来。为什么金淑的人气更高这个问题，大家怎么看？

希定　我认为，搭档宋恩伊虽然拥有极其幽默的谈吐和出众的主持能力，但不怎么说打破我们常规思考方式的话。但金淑就会毫不犹豫地说出非常跳脱的话，输出了很多打破听众固有思维的发言。所以两人之间的化学反应非常好，这也体现在当金淑的发言开始变得有些危险时，宋恩伊会帮助二人重新找到平衡点。

惠敬　就像您说的，这两个人是有角色分配的。特别是宋恩伊，她总是行云流水般把控进程，维持嘉宾间的平衡。而且，众所周知，她是一位宗教信仰非常坚定的人，所以在某些方面确实有些许保守。

希定　特别搞笑的是，宋恩伊偶尔会在播客节目中提到教会相关的话题，每到这种时候，金淑就会说"姐姐，今天就到这里吧"来拦住她。金淑还很喜欢旅行，有一次宋恩伊叫她一起去旅行，她就跟着去了，结果去的地方让她觉得自己时刻"背"着十字架……两人都非常搞笑和可爱。

惠敬　两人间的默契已无须多言。"我就是我自己，为什么不能独自生活呢""一定需要男人吗"这种挑战父权制意味的回答，哪怕不标榜女性主义，也能在女性听众中得到更多反响。

一起大笑吧！
夺回女性对笑的权力

允玉　当人被束缚于社会观念和个人欲望之间，常常很难做出决定。"我想这样做，但从社会性来说，应该那样做"——金淑打破了这种框架。

惠敬　是的。而且这种打破框架的"人设"延续到了《最佳爱情》[1]中，她的"四次元"魅力引起了《最佳爱情》制作团队的特别注意。

惠敬　在晚婚人士增多的时代，一对对代表性晚婚男女的

---

[1] 一档恋爱综艺节目，在"如果再婚"的设定下，将离婚或丧偶的艺人组成情侣，展现未婚人士不曾知晓的婚姻世界。

碰撞，就是《最佳爱情》的基本看点。欠债的男人尹正秀和"四次元"的女人金淑相遇，这个独特的组合碰撞出不少火花。他们既不是"恋综"里赏心悦目的漂亮男女，也不需要标榜浪漫情调，最初就设置好了"结婚是一件多么荒唐的事情"这一前提。最重要的是，他们还明确了"结婚就是经济关系"，录制一开始，就干脆写起了婚姻契约。

允玉　准确把握了"结婚就是契约"的事实。

惠敬　两个人分享着各自对婚姻的期待，都是非常朴素的想法，哪怕节目并没有要求他们沟通这一点。契约的内容也很有趣，还有"爱情和怀孕绝对禁止"的条款。不过，他们的行为更是展现了资本主义社会的婚姻有多依赖契约关系。

希定　没有爱情的婚姻才算是"最佳婚姻"啊。

惠敬　那些模拟婚姻的综艺节目，把婚姻设定为与钱无关的东西，哪怕只是在模拟，也希望用"爱情"来连接婚姻。但他们展现了虽是模拟也全不是虚构、虽是现实又并不真实的样貌。

允玉　他们还展示了韩国社会中并不常见的性别角色关

系。我看的那期是"周末夫妇篇",金淑坐在沙发上一动不动,尹正秀一边被金淑训斥,一边不停做家务活。那不就是普通人的家庭生活场景吗?只是性别互换了。

惠敬　正是这样的场景,紧紧抓住了女性观众的眼睛和耳朵。"哪有男人从早上开始就皱着眉头的""男人的声音不能穿过墙"——那一期金淑的语录,人气高到什么程度呢,三八国际劳动妇女节那天,网络上到处都有人分享,都是能让女性观众感到痛快的话。

希定　我最喜欢"女人的笑声能穿透墙壁,那才是幸福"这句。起初我心里是有疑惑的,在我们的社会中,女性真的可以不被性对象化,自由地笑吗?在男性中心的综艺产业内,女性可以成为笑容的主体吗?但看到金淑以后,我认为女性是可以拥有这种主体性笑容的。

允玉　在以男性为中心的社会中,女性的笑经常被认为是在卖弄风情。但她竟然说"女人的笑声就是要穿透墙壁",真是痛快的观点转换!

惠敬　在韩国社会中,女人与笑的关系至今都是尴尬的。那么,女人是不应该笑呢,还是不应该搞笑呢?总之,搞笑艺人金淑把这两件事都做了——自己笑,也让别人笑。

其实综艺这种东西，最基本的就是把笑容带给大众，可是在这个获得笑容的空间中，女性正在消失。

允玉　一般来说，在哪里都可以发笑的人，是拥有权力的人；其他人则不能随意笑，或需要看人眼色勉强笑。这种束缚在女性身上好像更强一些。

希定　女性一笑，就容易被说成"卖笑"，不是吗？我想了想，"卖笑"这个词是绝对不会用在男性身上的，所以笑本身已经被极度性别化了。唯独在女性搞笑艺人这里，自我贬低很普遍地成为一种长处。特别的是，金淑就不会把自我贬低当作搞笑素材。

惠敬　在封建时代的阶级观念中，一方面，"笑"是非常低贱的行为；另一方面，即使人人都可以笑，女性和男性的笑也不同。男性的笑被认为是豪爽和豪气的展现，就像只有"座中长者"才能发出那种大笑。而女性的笑是完全不同的，女性不能飒爽而有力地笑，女性的笑都被认为是泛性化的，是诱惑男性的方式。哪怕我们笑的时候并没有那样的意图，也会被解读出那样的含义。大家应该都听过这样的故事：相亲时，如果女性笑了，那这次相亲就是成功的——男性在说，女性在听，男性负责搞笑，女性等待被逗笑，在这种模式中，笑代表一种"同意"。这个模式也在暗示女性需要时刻抬高男性权威。"卖笑的"这个代称，正是把笑与性直接联系在一起了。

希定　很多异性恋女性在列举理想男性的特征时，都会提到"幽默"，是否也反映了"能让别人发笑的只能是男性"这种思考方式呢？

允玉　连笑的时候都得自我审查——这里可以放声大笑吗，还是只能抿嘴微笑？女性就活在这样的管束中。女性做出男性在家中的行为时，才会让人一下子发觉："啊，男人不就是这样吗？"

惠敬　这就是镜像行为效应，原原本本地反射出男性家长的行为，突显了颠覆性。金淑有几句常对尹正秀说的话，比如"你这是什么标准男人行为啊""男人怎么都这么放肆"。将长久以来的话语主体和听者客体对换，也是一种展示男性独断专行的女性主义战略。但金淑并没有因此展现出很多男性化的行为。金淑不仅做"男人的"行为，也做"女人的"行为。可以说金淑既在做镜像行为，又在进行性别弯曲（gender bending）[1]。

1　指有意识地推翻，混合，或不展露依据性别区分的社会角色、语言习惯、外貌穿着等。

允玉　性别弯曲是什么意思呢?

惠敬　韩国社会的女性,必须严守行为界限,扮演女性的性角色。但金淑在女性和男性的行为界限之间来去自如。她既是女人,也是男人。"女性特质"与"男性特质"共存,这才是人原本的属性。所以用性别来区分某种性格,将其归结为像"女人"或"男人",是没有意义的。

希定　也就是说,"男性特质"也好,"女性特质"也罢,这种东西并不是命定的,金淑用自身证明和实践了这种共存。

惠敬　我最喜欢的金淑的一句话是"那点钱我赚不就好了"。最有趣的是,男性观众也非常喜欢这句话。其实,长久以来,男性家长能保证自己的权力和位置,99.9% 都是因为——

允玉　经济实力。

惠敬　可并不是只有男性在维持家庭生计啊,但男性总表现得好像所有负担都在他们身上。金淑在说"那点钱我赚不就好了"的瞬间,让女性与女性的经济实力浮出水面,一并解放了女性观众和男性观众。而且,金淑也踏实地履行了这个责任。她努力赚钱，给欠了一屁股债的"丈夫"尹正秀办了非常精彩的生日会，是名副其实的母系族长了。

希定 在21世纪的韩国，如果不是出生在富豪家庭，谁都无法保证自己拥有稳定的经济能力，这种"男性经济力"对男性来说也是一种负担。如果我们能打破被强制赋予的性别角色，跨越"男主外、女主内"的压抑体系，男性和女性是不是都可以获得解放？不过，主持人，已经放弃主持了吗？是不是超时太久了？ ☺

她们成为我们的姐姐，我们的母亲，分享给我们生活的智慧

允玉 刚好正在想我们得在3分钟内结束节目。☺大家都没发现已经快结束了吧？本期我们探讨了"金淑现象"是如何出现的，又拥有何种意义。

惠敬 名为金淑的现象最重要的贡献是创造了女性自由活动的体系，证明了女性联盟是存在的。在最初分析金淑的时候，我思考了很多："到底为什么用埃莱娜这个形象？要如何寻找她的意义？"其实答案就在《我的名字叫顺儿》这首歌里。

希定　啊，"秘保"中埃莱娜老师的标志歌曲。

惠敬　这首歌唱的正是隐身在韩国社会中的那些走投无路只能委身于色情产业的女性的历史。也可以说，正是她们为了劳动争取和付出过，今天的我们才能过上属于自己的人生。她们成为我们的姐姐，我们的母亲，分享给我们生活的智慧。作为生活专家、人生专家，召唤出上一代的女性，把她们的智慧传递给我们——这种女性联盟才是"金淑现象"最重要的价值。

允玉　常听到"女人的敌人还是女人"这种不像话的言论。埃莱娜老师抚慰女性的伤痛，为女性的苦恼给出建议，让我们相信这种女性是真实存在的，希望我们的女性联盟可以不断扩大。不过很遗憾，到此我们要和听众们告别了。沈惠敬老师，您觉得今天的节目怎么样呢？

惠敬　准备好的话题没能都聊完，有些遗憾呢。金淑和她的朋友们的故事，会一直继续下去，以后应该还有可以聊的机会吧！今天非常愉快。祝愿我们节目也能乘风破浪，越办越好。

希定　谢谢大家！

沈惠敬的后记

正如本书作者之一崔至恩整理的那样，近年来，以金淑、李英子、宋恩伊、朴娜莱为代表的女性搞笑艺人正出现在各个场合，成为综艺节目的中心。与几年前相比，现在真是好时候。电视台和各种娱乐产业正在为更多女性综艺人搭建舞台，更多的观众把视线集中在有性别意识的节目中。新瓶装新酒的新时代到来了。媒体平台已经多样化，电视节目的模式在一天天更新，但综艺节目的影响力仍然非常强。所以，今后我的研究重点仍会放在女性综艺人和女性综艺节目的发展方向上。毕竟将在我的母亲，我的朋友，以及和我一起工作的同事的大脑中植入性别平等观念的人，也许正是综艺节目中的她们。

Ⅱ.
女性如何工作，
如何成为商品

"热情劳动"与"死亡劳动"的极限职业：

女子偶像团体

从"全能主妇"到"职场妈妈"：

寻找电视剧中的女性劳动者

女革命家与女工文学：

能决定人生是喜剧还是悲剧的，

只有女性自己

当她的身体成为商品：

色情产业、整形贷款与女性贫困

"热情劳动"与"死亡劳动"的极限职业：

女子偶像团体

嘉宾　崔至恩

引 言

希定　本期的关键词是女子偶像团体（以下简称"女团"）。很久之前我们就想在节目中讨论一下女团的话题，但一直没什么思路。不管是女团还是男团成员，都暴露在极端的劳动环境下，特别是女团的劳动，近乎"死亡劳动"，也就是可能致命的劳动。无休止地减肥，为赶密集的档期遭遇车祸等，都是代表性的致命因素。她们不仅要忍受经纪公司极度恶劣的签约条件，还要遭受大众带有双重标准的评价的折磨，最近还经常曝光出男粉丝在粉丝签售会上横行霸道、非法拍摄的事件。所以本期，我们想聊聊极限职业——女子偶像团体，并以此为基础，着重讨论十多岁到二十岁出头女性的劳动情况。

允玉　女团确实可以说是贯通韩国社会的一个关键词。接下来就请崔至恩记者为我们讲讲近年来有关女团的热点事件。

从被偷拍到被商品化，
她们到底在经历着什么

至恩　最近，韩国以非法拍摄为首的数码犯罪发生率越来越高，让人感觉仿佛社会上到处都隐藏着摄像机。2017 年 3 月，在女团 GFRIEND 的粉丝签售会上，一名男性粉丝在请成员签名时，用有着眼镜外观的超小型摄像机进行了拍摄。察觉到异样的一名成员悄悄告诉了经纪人，经纪人把这名男性带出签售会现场，并禁止他以后再参加该女团的相关线下活动。该事件让"偷拍女性的男性"原原本本地暴露在韩国社会中，也让大众真切地感受到，女团成员到底在这种线下活动中经历着什么。

允玉　那个人是第一次被发现做这种事情吗？

至恩　被发现是第一次。但我知道偷拍裙底这种事一直有人在做。

希定　这次事件让伪装成眼镜的偷拍摄像机被大众知晓，听说这种偷拍摄像机的购买率在事件后下降了。我查了一下，真的有各种各样的偷拍摄像机在市面上流通，有些形态想也想不到。

允玉　都是什么样的呢？

希定　从纽扣状到领带夹状，再到牙刷状、名片夹状等等。甚至还有衣架状的，挂在户外遮阳伞下或汽车旅馆的客房里时真的很难被发现。

智惠　最让我震惊的是还有保温杯状的偷拍摄像机，听说要40万韩元左右。真不知道为了偷拍愿意花40万韩元的人是什么心理，完全无法理解。还有烟盒状的，只要像垃圾一样丢在女生家门口，就能捕捉到房门电子锁的密码。

希定　所以平时要仔细检查家门口的垃圾和花盆，还有自行车。同时还要检查一下门上的名牌或门铃旁是否有三角形、圆形的小标记。一间房里是否只有女性独居，不是的话又有几个人一起住等细节，都会被偷偷调查清楚，做好标记，成为犯罪的标靶。

至恩　非法拍摄如此严重的情况下，还有人觉得"GFRIEND事件"不算什么大问题。部分舆论认为，粉丝签售会不就是让粉丝拍照的活动吗？然而，被拍摄者对于被拍摄的事实知晓与否，在这两种完全不同的情况下，拍摄这一行为的性质也是不同的。日常生活中，人们已经对偷拍太习以为常，才会以为只要被拍都是一样的。

允玉　这些人非但不考虑被拍摄者的权利，竟然还站在偷拍者的角度想问题。还有消费这些数码犯罪产物的人，以为只要不认识被拍摄的人就没关系，然而，在未获同意的情况下进行拍摄，本身就是犯罪。与这个事件类似的是，在《孝利家民宿》播出后，很多很多人找到李孝利家，按门铃、在门口扔垃圾、越过围墙拍摄住宅内部，还振振有词地说"明星艺人的工作就是贩卖自己的生活，这种程度的被打扰是他们应该承受的"。

希定　一位专栏作家在有关《孝利家民宿》的文章中写道："即使艺人贩卖自己的生活，随意拿走其中的东西也是偷窃。"艺人自己想要展示的生活，与观众越过围墙掠取的生活，是不一样的。

至恩　虽然艺人在"贩卖私生活"，但众所周知，他们贩卖的只是看起来像私生活的公开形象。而除了这种窃取他人私生活的无理要求，这些人应该还有一种心理是"明星艺人赚了那么多钱，付出这点代价应该也没什么关系"。特别是在韩国社会，有极多的男性自认为可以对女团成员的身体行使权利，常常打着"她们靠人气生活，所以至少要有这种程度的付出吧"的名号做出格的事。

允玉　女团的工作只是在约定的公开范围内唱歌、跳舞，以及进行各种表演活动。侵犯她们的私人领域、把她们看作自己的所属物，是真正的犯罪。哎呀，节目才刚开始，我就已经生气了！

至恩　2017年6月，一名男性给女团Apink的所属公司打威胁电话，说要杀害该团成员，还报假警说"我在Apink的活动场地安装了炸药"。大家知道这名男性作此威胁的原因是什么吗？是因为Apink与普通男性出演相亲节目，他非常生气。后来调查发现，这名男性是滞留加拿大的韩裔美国人，所以很难拘留他，即使能拘留，也不能给他什么严厉的惩罚。

允玉　即使这个人对他人进行了死亡威胁，还妨碍了受威胁者的正常活动？

至恩　是的。没有被男性威胁过的人，不会知道这种威胁会给女性的生活带来多大的制约。然而，似乎整个韩国社会都不是很想知道女性的这种感受。女团TWICE也收到过发布在"每日最佳储藏所"[1]（以下简称"ilbe"）这个网站上的死亡威胁。但是，当TWICE的经纪公司表示会追究到底时，这名当事人声称"人们都给我点赞，我才这样做的，请从宽处理"，还上传了手写的道歉信。

1　韩国民间网络社区，内容多充满仇视与偏见，用户主要为男性。该网站的简称"ilbe"既指代这个网站，也常用来指代这个网站的用户。

希定　施暴的内容竟渐渐成为网络上的主流语境，这已经不容忽视了。

至恩　虽然 TWICE 的经纪公司已经表示过会严肃处理发威胁帖子的人，但 ilbe 社区还是继续出现了题为"TWICE 抛弃了祖国，在日本赚了好多钱"或"再也别回韩国了，因为我会拿着 10 升盐酸在机场等你们"的帖子，即便 TWICE 的经纪公司也都表示过会严肃处理发帖人。需要注意的是，"抛弃了祖国"这句话，其实可以解读为"韩国女人是韩国男人的所有物"，这个内核与盲目敌视交往外国人的韩国女性一样，由来已久。

希定　我认为在经纪公司对待女团的方式中，也渗透着这种支配和贬低的态度。经纪公司把所属女团当成商品打造并消费，粉丝们自然而然就会不那么尊重她们，毕竟连作为"自己人"的经纪公司都不尊重她们。发生影响不好的事时，比起保护"自己人"，更多的是经纪公司会尽快切断关系，以将其清除出局的方式来解决问题。

至恩　是啊，本来偶像团体就是常常被大众评价和批判的人，成员有麻烦时，比起内部解决，公司总是会把她们直接推向大众，让她们道歉或自己收拾残局，直接承受这些混乱的攻击。

至恩　以偶像团体为代表的娱乐产业终究是凭借人的欲望运转的，它利用人们会因自己喜爱的东西失去理智进而沉迷的这一特点打开市场，而这样的市场本来就不可能一直遵守伦理道德。即便如此，持续地出现问题，反复给身在其中的人带来伤痛，难道还不能说明修正这种产业和市场的必要性吗？近年，K-pop市场不断浮现出种族歧视、性少数歧视、厌女等问题，相关公司应该更深入地思考这些问题，毕竟这也是企业的一种长期风险管理。

希定　有关"热情劳动"的现象，也值得反思。年轻人只要能做自己喜欢的事情，哪怕暴露在危险中也没有关系——这种思维是有问题的。是"我要做自己想做的事"，而不是"我被压榨也没关系"。现在这个时代，光凭"热情劳动"可吃不饱饭。

允玉　光是看看这些年女团成员身上都发生了什么，就可以感受到问题的严重性了，原来K-pop也不全是令韩国人自豪的一面。

至恩　需要更深入探讨的是令人绝望的练习生阶段。偶像团体在出道之前，不仅必须经历极长的练习生准备期，还要对外貌和身材进行极其严格的管理。虽然男团成员也不能幸免于高强度的减肥，但他们减起来远没有女团成员那么严格。其实，女团成员的身材已经越来越娇小了，这种尽一切可能打造出来的娇小身材，穿着高跟鞋跳舞，受伤的风险极高。她们还无法摆脱被要求整形的压迫。同时，因为要住集体宿舍，私生活没有保障，还有完全不让使用手机的情况发生。此外，她们接受完整学校教育的权利也无法得到保证，就这样把自己的青春时光全部投在作为偶像团体出道的准备期里，如果出道失败或组合没能获得认可，她们完全没有其他出路可选。

允玉　哪怕出道成功，也可能很快就被遗忘。

智惠　有篇报道曾指出，过去的 10 年里一共有 200 多个女团出道，但现在我们能叫出名字的团不超过 22 个。

至恩　只有 10% 啊。其实，新人女团想获得大众喜爱，很大程度上也是因为怀着"努力逃出半地下[1]"的劲头。

允玉　半地下？

1　此处指代韩国常见的室外地平面高度超过室内净高的 1/3，但不超过 1/2，租金便宜，条件很差的出租屋。知名韩剧《请回答 1988》中的德善一家住的就是"半地下"。（编者注）

至恩　很多女团成员的宿舍条件没有那么好，她们出道后以拼死的杀气在努力，观众也会因为"小小年纪就这么坚强又努力"而喜欢上她们。GFRIEND 的一名成员曾在下雨天的舞台上跳舞，摔倒了七次，每次都重新站起来继续跳舞。这个视频的播放量非常高，她们的知名度也因此提高，获得的反馈也很正面。但其实不应该让表演者在这样的舞台跳舞，不是吗？

至恩　是的。但活动主办方不在乎嘉宾是否会受伤，只要求活动顺利完成。她们也只有展现出在这种不合理要求下还能笑着努力的样子，才会获得"真漂亮啊，希望她们能成功"的大众反馈。如果说出"做不到"之类的话，她们以后基本上不会再获得任何机会了。

　　但成功之后的舆论又是另外一种样子：如果笑得不像过去那样频繁，就会被说"火了就不懂礼貌了"。比如，女团 KARA 在新人时期并不是那么有名，花费了很长时间才获得现在的知名度。而她们之所以成功，正是因为她们一直努力认真地参加活动，就算很辛苦，脸上的笑容也一直明朗。后来，她们进入日本市场，成了全亚洲知名的艺人团体。在出演《广播明星》（Radio Star）节目时，主持人突然要求成员姜知英对其他成员表演撒娇。突然让女艺人表演撒娇或跳段性感的舞、无礼地纠缠艺人，是脱口秀节目中常见的环节，但是姜知英露出有些为难的表情，拒绝了这个要求，还突然情绪激动，哭了出来。结果，脱口秀节目的主持人们给出的反应都是"我们更不知所措啊"。节目播出之后，姜知英受到了很多诸如"在日本让做什么就做什么，为什么在韩国就说不能做""火了以后就变了吗"的指责，甚至新闻媒体的报道中也出现了"姜知英以前在其他节目中撒过很多次娇，这一次为什么不行呢"之类的言论。

允玉　好好的大活人，又不是自动贩卖机，不同的状态下当然会有不同的情况啊。

希定　我认为这个"撒娇"吧，可以说是韩国社会的一种"不把女性当人"的病。强迫女性看上去更幼小、更纯真，和不懂事的孩子一样。而要求表演撒娇的文化，就是这种病的症状之一。

至恩　所以，我们不得不思考这些年轻的女性究竟被放置在何等恶劣的劳动条件下。除了"热情劳动""死亡劳动"，还有只会向女团索求的"感情劳动"。不仅在电视节目上，在线下活动中也是一样的。比如粉丝签售会上，有的粉丝会送女团成员婴儿用的奶嘴。

希定　让她们咬在嘴里？

至恩　是的，我看过网络上流传的一些照片，有些粉丝绝对是想看偶像团体的成员像婴儿一样行动。同样，我也听说有的男团成员还收到过粉丝送的婴儿车。

允玉　那又是什么啊?

至恩　把成员当作"我的孩子"，也许认为这样的礼物很可爱吧。

允玉　婴儿车也太无厘头了，奶嘴也是。这难道不是一种控制欲的体现吗?

至恩　但他们自己是不会承认的。在粉丝签售会中指摘成员外貌的情况也很多，甚至还有人未获允许就触摸成员的身体和脸。以前组合 SISTAR 的孝琳就因为在粉丝签售会没有笑而被骂过。唯独在韩国，女团因为不笑被骂的情况特别多。

允玉　男团就可以不笑吗?

希定　粉丝对男团的表情管理似乎非常宽容。比较木讷的,会被评价为"很酷"或"潇洒"。就像之前我们聊过的,女性和笑的关系很特别。不过，也有人表示男团同样会经历这种困境，每当我们批判"女团被性对象化"，就会有人表达"你们不也喜欢看男人的腹肌吗"。但我想说的是，男团和粉丝之间的关系与女团有所不同。在女团的粉丝签售会中，一些男性粉丝会做出触摸成员身体等威胁性的行为，而在男团与粉丝之间则恰好相反，也就是说，男团的成员们会这样对待粉丝，还有人抓着粉丝的头发开玩笑。尽管如此，有些比成员年长的女性粉丝依然会在祝福卡上写："我会为'哥哥'的成功祈祷。"

因此，即使男团和女团同样被性对象化，其性质也是完全不同的。女团成员是以几乎能饿死人的减肥强度，让自己的身体能力降到最低，由此被性对象化；男团成员则是锻炼肌肉，提升自己的能量，扩展活动范围，继而被性对象化。所以，虽然每当提到女团被性商品化的话题时，都会被"你们不也喜欢 Rain 吗"这样的话反驳，但 Rain 即使被性商品化，也没有受到女团成员那种程度的约束。

至恩　他反而通过身材获得了崇拜和权威。

女团成员连呼吸都会被骂

至恩　电视节目"活用"女团的方式之一，就是把她们当作漂亮的背景板。最近一两年，"吃播"节目越来越多，并且都有把年轻漂亮的女性当作装饰要素的倾向，继而也出现了像《吃得香的少女们》这种干脆以女团为主角的"吃播"综艺节目。也就是说，女团成员被要求保持漂亮和苗条，但同时也要很能吃，起到刺激食欲的作用。

允玉　烘托气氛，刺激食欲。

至恩　还有某个综艺节目，在展示五花肉时，打出了"媲美雪炫的背影"这样的字幕。

希定　赤裸裸地把女性与食物画等号啊。

至恩　就是把女性当作性欲的对象、食欲的对象。最近还出现了"吃播妖精"这种标签，常常会贴在女团成员身上，比如 Girl's Day 的惠利在综艺《真正男子汉·女军特辑》中把生菜包饭整个塞进嘴里吃，观众认为她很可爱，所以也叫她"吃播妖精"。《女军特辑》的节目流程很辛苦，但惠利仍然保持坚强爽朗，因此也获得了很高的人气。一般女性会因为"女人怎么能在男人面前张大嘴吃饭"被骂，但有些时候又会被认为这样很可爱。

希定　因为漂亮又苗条，所以即使大口大口吃生菜包饭也可以。

至恩　吃得香并不总能获得人气。在下一季的《女军特辑》中，Apink 的普美也以"惠利第二"为设定，展现出很能吃的样子，但她就被骂"虚伪、做作"。在另一个节目中，同为 Girl's Day 成员的素珍因为在某个网络节目中拒绝了吃饺子的要求，也被骂了。

希定　在韩国，男性连呼吸都能做成综艺，但到了女团这里，则有种要是呼吸都会被骂的感觉。

至恩　女团成员必须苗条，但又要吃得香，同时还不能显得做作，并且绝对不能说自己不想吃。而在节目之外，为了代谢掉那些"吃得香"的高热量食物，她们要饿多久，做多少运动，谁都不会在乎。

希定　基本上，不管是减肥还是外貌管理，都被认为是女性的本分，如果她们把这些日常都暴露出来，就会被认为太过"女性化"。现在的大环境就是要求女性内在拥有男性化的性格，要爽朗，大大咧咧也没关系；而外表又必须保持女性化的苗条身材。总而言之，女团成员被这种双重标准束缚着。

允玉　哎哟，真是不让人活啊。

至恩　她们本就日常过劳，却不让她们吃东西，这是非常可怕的。不仅如此，女团成员在电视节目中还被当作可以随意对待的对象。国防电视台有档节目，经常请女团成员做嘉宾。

希定　就像军需品一样。

至恩　很多人说，军人对女团的狂热，追逐并消费她们的行为，都是很正常的，毕竟这些快乐是每天都过得很紧张的军人为数不多能享受的。说这种话的人真的没安好心。新人女团 April 参加这档节目时，节目突然安排了一个游戏，让军人们走上舞台，与成员们一一配对，然后摆出拍照片的姿势。一名军人突然搂住其中某个成员的腰拉近自己，这是未经同意的接触啊。当时那名成员的受惊表情在社交媒体上引起争议，粉丝和观众纷纷向韩国广播通信审议委员会投诉。但不知道是不是因为当时的审议委员全都是男性，无法对这个投诉产生共情，最后给出了"没有问题"的判定。

希定　我还在思考的是，10 年里共有 200 多个女团出道，但能给大众留下印象的只有 22 个，这就意味着女团之间还得有非常激烈的关注度竞争。为了吸引眼球，不得不用更刺激、更出格的表演和服装来展示自己。在这种竞争下，女团被卷入了更恶劣的境况中。

允玉　这是女团无法自主解决的问题，所以劳动安全保障的制度化是极其必要的。其实，在资本主义社会中，所有人都处在无尽的竞争中，所以我们才需要劳动基准法。社会的稳定需要一种遵守这种法度的最基本共识。

希定　我对这个"自主性"也有一些思考，韩国社会是个对职业的想象力非常匮乏的社会嘛，当一个人绞尽脑汁地思考做什么可以维持生计、过上好生活时，可能真的不会想到自己的人生还能有其他选项。

至恩　少数学习非常好的学生可以梦想各种各样的工作，而大多数人几乎没有可以保障稳定生活的职业，这就是现实。我们的社会也不是能够保障每个人稳定生活的社会。因此，当问及十多岁的人梦想是什么时，只会得到偶像团体成员、公务员或网络主播、房东这样的答案。

智惠　"买一幢楼，然后开一家面包店"。

至恩　不仅是艺人，消费艺人的大众也同样处在极端的境况中。消费着这样不健全的综艺商品，就有可能不自觉地做出严重的霸凌行为。这样看来，女团成员就像为"大众"这个雇主打工的年轻女性，刚走进社会，要做的事情实在太多了，不得不接受一些不合理的要求。而且像雇主一样挑剔的消费者太多了，迎合大众的口味也越来越难。尽管艺人或明星这个职业本身就难免让人嚼舌根，可女团成员都很年轻，在她们还是在市场中没有立足之地的新人时，更容易受到来自大众的、难以修复的伤害。

《创造101》:
"我们不可以说我们不喜欢"

至恩　女团成员需要具备的另一个条件是性感。在表现"性感"的过程中，女性的主体性占了多大比重，这值得我们思考。比如，2011年出道的组合 Stella，刚出道时并没有获得广泛关注。2014年，她们发表了名为《提线木偶》的单曲，引发了热议。坦白讲，这首歌的 MV 情色元素很多，有很多衣着极度暴露的画面。不久前，Stella 的成员们在接受媒体采访时坦言，为了出道她们已经准备了太久，形势要求她们必须做出牺牲。但其实这个 MV 究竟在讲什么，画面将会制作得多么色情，她们在拍摄时并不清楚。至于让牛奶流过胸部的场景，她们以为那只是"因为离别的伤痛，手脱力，所以洒了牛奶也不知道"，后来看了 MV 的评论，才知道那暗示着什么，她们也非常震惊。

允玉　如果没有充分解释拍摄意图，表演者确实可能不知道各个动作的含义。而且，即便知道意思，如果经纪公司或策划公司以"哪怕引起争议也要变火"的理由强制她们的话，她们也不能不做。

至恩　男团的情况是，会及早培养组合中有作词作曲才能的成员，并在组合专辑中安排他的自创歌曲，也会以成员中的谁是这张专辑的制作人这样的话术进行营销宣传。虽然暂时都是偶像团体成员，但他们会一步步获得"艺术家"的标签，直到积累足够的独立创作履历。但是，制作公司既不会对女团提出这样的要求，也不会给予她们这样的机会，因此女团可以成长的机会极少，也就更难以掌握发言权。Stella 的成员就说过，"我们不可以说我们不喜欢"。

允玉　这种性感，不是女性本身拥有的一种魅力，而是被策划出来的一个概念，即使讨厌，也得勉强展现出来。

至恩　明明是被强迫的，却必须表现得自愿且自然。近年来，性感的风格正在发生变化，露骨的性感被证明并不长久，于是低龄而无害的少女形象开始成为性感的新倾向：校服或超短网球裙式的女团裙装变多了。只要穿着这种裙子转一圈，就能看到内裤；还有短得露出腰背且贴身的上衣，稍微长一点肉，穿上就会不好看。这些女团成员不得不一直进行"死亡减肥"。有些衣服与其说是少女风格，不如说更接近幼儿服装。

智惠　我还看到过围着肚兜出场的女团。

希定　什么？！

至恩　这种对性感的定义，根本上是在寻找更无力的对象吧。不管怎么说，之前流行的性感风格都更偏向成人化，仍残留着一种"我要展示我的性感"的主体性之感。李孝利之前的形象就是这种感觉，但现在的性感更接近于没有在主动"媚男"的无辜感，比如网球裙本来是为了运动方便才穿的，之所以看到裙底的内裤会产生愉悦感，是因为能享受到突破禁忌的刺激。

希定　女性被对象化的强度更大了啊，而无力感正是对象化的主要内容。把女性塑造得越来越无力，其实也是在试图减弱对方的自主能力和竞争资格。也许大众并不想看作为性主体主动展示性感魅力的女性，越来越多的观众希望将女性对象化，按照自己的口味随心所欲地消费女性。

希定　集中体现这种趋势的是不是就是《创造 101》？

至恩　是的，这种趋势在《创造 101》第 1 季中特别突出。第 1 季是选拔女团，第 2 季选拔男团，成了与第 1 季完全不同的节目。很多人喜欢《创造 101》第 1 季，不仅是男性观众，女性观众也非常喜欢看。看着年轻漂亮的人们向着一个目标努力确实是一件愉悦的事情。但这个节目的制作人接受采访时的发言十分令人震惊，也直白地展现了这个节目的内核。

允玉　他说了什么？

至恩　他说"我想制作一部给男性看的健康 A 片"。看到这句话的瞬间，我突然就明白了自己之前明明看得挺开心，却总觉得有哪里不对劲的原因。我认为这个节目是以"统治的快感"作为原动力的。《创造 101》把大众称作"国民制作人"，因而博得了很多关注。观众只是参与了在线投票，却产生了"自己养大并成就了她们"的错觉。打个比方，嘉宾就像应聘者，而观众是决定她们去留的评委。因此，这些练习生必须展现出大众喜欢的形象，比如即使不愿意，也必须公开体重。还有，她们被评价的标准已经不局限于唱歌和跳舞，外貌是基本，所属经纪公司也得是有名的公司，是否做过整形，上学的时候表现如何，"人品"

是否优良······所有的一切都成了评价的标准。

希定　也是，像选秀节目《偶像学校》在开播前就因嘉宾曾是不良少年的传闻引起过争议。

至恩　从概率上来看，把100多个人聚在一起，其中有校园暴力加害者的可能性肯定是存在的，实际上也确实存在。选拔说唱歌手的《给我钱》[1]或《高等说唱》等选秀节目的十多岁男性嘉宾中，不少人身上都有不良少年的传闻和争议。但引起争议的男性练习生从一个节目退出后还会在其他节目中出现，这对女性练习生来说却绝对不可能。总之，这种节目在录制时随时随地都开着摄像机，练习生们的举手投足都会成为评判的焦点，观众几乎可以审视、评判嘉宾的一切，再通过投票给予他们奖励或者惩罚。

允玉　让我想起了圆形监狱[2]。因为手握投票，就可以监视练习生，这就是监狱啊。

至恩　事实上，女团的市场情况在《创造101》这样的节

1　通称为 Show Me The Money，一档旨在发掘有实力的嘻哈歌手的淘汰制节目，可以理解为说唱版《我是歌手》。(编者注)

2　又称全景式监狱，其作为一种权力的表达和监视的象征，在 1785 年由英国哲学家杰里米·边沁提出。福柯进而将圆形监狱的概念隐喻成一种对所有公民都具有社会控制力的模式。

目大火后变得更加恶劣了。之前，粉丝还会对偶像团体心怀崇拜，现在他们就认为偶像是"我养大的孩子"。还发生过这样的事——一位练习生出道了，粉丝们决定在网络社区上筹钱送她一份礼物，其中一位男性粉丝留言："送个iPad？但又担心会惯坏她，是不是不应该送？"

希定 是"不能让她变成泡菜女"的意思吗？

至恩 当然，这个粉丝被其他粉丝大骂了一顿。但重要的是，这种"我把你养大"的想法变得越来越普遍且理所应当。男团的粉丝大部分都是女性，从名牌领带到昂贵的汽车，送礼物的攻势非常强大，甚至直接导致某个组合只能发公告表示不接受昂贵礼物。而女团的粉丝却想出"会惯坏她，所以不能送好的礼物"这样的理由。

希定 《创造101》这个节目非常令我震惊的一点是，在淘汰赛结束后，胜出的练习生作为组合 I.O.I 出道，而这个组合的合约期限竟然不足一年。这个方案可以说把"灵活"使用劳动力发挥到了极致。付出"死亡劳动""热情劳动""情感劳动"后，这份合约竟然只能保障她们一年。合约结束后，她们就只能再次四处飘散，各自谋生。

至恩 是啊，雇佣环境的安定性，想都不要想。综艺《偶像学校》也延续着这种趋势。在这个节目里,观众不再是"国民制作人",而是"养成会员"。参加节目的女团练习生们会问好说"养成会员们,拜托给我们好评"。这个节目甚至还标榜"不需要舞蹈和唱歌的实力,只要性格和脸蛋受欢迎就可以"。

希定　"偶像学校"的"班主任"是男团出身的金希澈,"校长"是李顺载。

至恩　对。女性前辈只能担任"教练"的角色,无法担任管理者。这个"学校"的校歌是《因为漂亮》。年龄最小的参加者刚满十二岁,年龄最大的成员在二十四到二十五岁之间,参加者之间所有的对话都是关于"漂亮"的。即使不这样设置,十多岁的女性本来就会因为外貌受到很多压迫,而《偶像学校》里的压迫简直可以说是多重叠加的。《偶像学校》的拍摄环境虽然其名曰为"学校",但其实和军队没什么两样,好笑的是,他们一边命令女孩们"要保持漂亮",一边又强调着所谓的"纪律",没收她们为了保持漂亮自带的化妆品,比如有个女孩就被说"从家里带来的假睫毛和睫毛膏,二选一吧",纯粹为了管制而管制。日常生活的纪律也非常复杂,比如宿舍和练习室要保持清洁,禁止外带食物和在外就餐,禁止使用手机和其他不必要的电子设备等。

允玉　最近连军队里都可以使用手机。

至恩　扣分累计超过 15 分会被要求"退学"。

希定　女团最终还是欲望和形象的产业。当欲望可以像花盆一样被不断地复制和贩卖，产业就会以不断创造欲望的方式不断地生产，一旦开了这个头，就永远不会停止。整形产业也是一样的。整形外科的医生多么热衷于打造流行脸啊，今年流行大眼睛，就让开眼角手术流行起来；明年流行小双眼皮，就把缩小眼皮的手术营销出去。所以我们也需要思考，整形是否真的可以被说成追求自己心中的美、自我提升的行为。

至恩　女孩子开始化妆的年龄也越来越小了。

允玉　最终就是产业对社会标准的重置啊。

至恩　固定的某种外貌特征会成为大众共同的憧憬。比如"母胎[1]瘦型"或"超瘦型"这样的标签，会和艺人们绑定，

1　"母胎"是始于韩国、流行于东亚地区的网络用语，喻指事物最原初的状态。（编者注）

进而流行起来；还有"某个明星太苗条了，好像夏天都不会流汗一样"的标志性描述，如果这种"清凉感的苗条"获得一定讨论度，这个明星也获得了人气和媒体的拥护，就会有更多的女性希望"自己也能和她一样漂亮"。同时我也很担心，会有越来越多的女性看着《偶像学校》里十多岁的女团成员们，产生"像她那样漂亮的话，就可以得到人们的赞美"的错误观念。

允玉　很多美容产业的居心不良者，以"打造理想女性身材"的误导性观念为基础，累积了巨大的财富，想到这里就很生气啊。

至恩　这种观念反过来又把女团之间的竞争无限激化了。把十多岁、二十多岁的女性打造成商品，让这些商品以"美貌"相互竞争，由观众即消费者来决定胜出者。与此同时，还要告诉观众，这些女孩的命运掌握在他们手中——"你们可以救她们，也可以赶走她们，她们的机会握在你们手中，所以请投票吧，花钱投票吧！"

希定　观众的心理也可以理解为：因为我的生活常常不能如我所愿，所以哪怕在那个触不到的世界拥有统治权也好。

该结束了！
她们必须微笑着忍受的时代

允玉　真郁闷啊。那我们能做些什么呢？

至恩　去年曾经的同事写了一篇题为《女团，极限职业》的报道，让人很难不去共情，其中写道："现在的女团并不算偶像团体，根本上她们都不能算作偶像。她们并不是在为获得粉丝的憧憬去维护梦幻的形象，而是在为更久地留在观众的视野里而微笑。"[1] 偶像团体的市场原本就很恶劣，女团尤其得不到与她们的劳动相匹配的尊重，即便获得了成功，组合的寿命也不像男团那么长。同时经营女团和男团的经纪公司相关人士曾这样说："其实，比起获得更高的收入，培养女团更多是为了维持和电视台的良好关系。"男团收获粉丝群体后，可以通过演唱会或周边赚很多钱，但女团的粉丝群体首先就很难达到男团的规模。当然，近年女团的女性粉丝群体正在扩大，但与男团的粉丝规模比较的话，还是不那么可观的。

允玉　真的很难生存下来啊。希望可以看到女团成员作为一个独立的人、一名艺术家顺利成长，希望她们在那样恶

1　魏根雨，《女团，极限职业》，*ize*，2016 年 6 月 28 日刊。

劣的环境中也可以互相获得力量。听到她们作为商品如此被消耗，不停辗转于无限的竞争中，真的很心痛。

至恩　"市场的法则就是这样，所以你们要有点眼色，尽快站稳脚跟"，"如果生存不下来的话，就说明你的能力也就这样了"，这个行业的氛围就是这样。

允玉　我在 2014 年采访过二十二名女性劳动者，一位二十多岁的受访者这样说过，因为年纪小这种理由，承受着各种挫折和压力，时刻处于前途无望的恐惧中，必须咬牙坚持做自己不想做的事，等等，经历这么多后，就会产生"找一个赚钱多的男人做全职主妇"的想法。

希定　现在其实也没有真正赚钱很多的男人，这已经不算是一条好出路了。

允玉　记者您在准备节目的过程中，有想过解决方案吗？

至恩　我们确实处于进退两难的境况中，但既然不得不作为大众文化市场的消费者存在，我们就应该灵活使用作为消费者的权利。

希定　比如不随意施暴，积极发挥消费者的主体性？

至恩　是的，既然消费者已经发声，那么不管是电视台还是经纪公司，至少会有倾听的倾向。比如，组合MAMAMOO的女性粉丝群体非常庞大，她们2016年推出的一支MV中有男性强吻一名成员的镜头，粉丝对这个镜头的声讨非常激烈，所以经纪公司马上删除了这个镜头，重新上传MV。就像那次事件一样，当粉丝的声音在市场上具备影响力，能够扩散到社会上时，业界也会抱有更加小心、愿意修正错误的态度。

允玉　这样听来，意外地有很多可以做的事情啊。

希定　十多岁的年轻人仍然属于弱者群体，社会在保护他们的同时，也需要完善制度化的劳动安全保障。我不想单纯地把这些年轻的女团成员当作被娱乐产业牺牲的对象，追寻自己的梦想其实是件非常不错的事情啊，她们有权利在更安全的劳动环境中追求梦想。

允玉　直到今天之前，我一直觉得女团是另一个世界的话题。但今天这样聊下来，女团的劳动与生存环境，最终还是与我们连接在一起的。就像崔至恩记者说的，为了建设一个谁都不需要做自己不想做的事的社会，我们需要共同努力。

至恩　希望这个市场的消费者们可以一起来思考这个问题。只有这样，才能在减少生产者痛苦的状态下，创作出更多优秀和新的东西来。还有，希望以女团所属经纪公司为代表的娱乐业界，以及媒体、执行法律与制度的有关部门，以更强烈的责任感，改善人权与劳动环境。

允玉　今天的节目就到这里。感谢大家！

崔至恩的后记

女团至今仍属于极限职业。在最近一两年里变本加厉的，是"鉴别她们是否为女性主义者"的攻击。Apink 的成员孙娜恩在社交媒体上发布了一张写有"Girls can do anything（女孩可以做任何事）"字样的手机壳照片，少女时代的成员秀英和 Red Velvet 的成员 IRENE 读了畅销书《82 年生的金智英》，她们都陷入了男性的攻击之中。与此同时，支持这些被无端攻击的女性艺人的声音，以及针对女性遭受不平等待遇的问题发言的女团成员，都在渐渐变多。如果说在市场中，艺人是不得不被商品化的存在，那么女团成员就是最容易被性客体化的对象。即便现实如此，警惕这种性客体化现象的争论应该持续下去。就像在粉丝签售会中冷静处理了非法拍摄事件的 GFRIEND 的成员睿邻最近在一个采访中说的那样："我不想因为自己从事这个职业，就对这些死角视而不见。"女团成员必须微笑着忍受一切的时代该结束了。

从"全能主妇"到"职场妈妈"：

寻找电视剧中的女性劳动者

嘉宾　吴水景

　　白天工作，晚上看电视剧的平凡上班族。为了打破"电视剧是大婶看的东西"的偏见，在多家媒体和杂志上开设了电视剧专栏。也为《京乡新闻》等新闻媒体供稿。对用女性主义的视角看电视剧的尝试很感兴趣。

　　与他人共著有《工作无能者联盟》等。

引　言

允玉　本期我们将去到电视剧的世界，探讨电视剧中的女性劳动。

希定　因为我不常看电视剧，所以一直在回避这个主题，现在已经退无可退了。这次我邀请了电视剧资深爱好者、专栏作家吴水景。

水景　大家好，我是吴水景。

允玉　您好像看了好多电视剧啊？

水景　别人总问我："你到底是哪儿来的时间看那么多电视剧的？"我总是回答："减少读书的时间，来看电视剧。"☺对我来说，看剧就是每天的习惯。我是绝对不会把工作带回家的人，习惯一边看电视剧一边整理一天里发生的事情。

允玉　看那么多电视剧也挺累的呢。☺您是从什么时候开始喜欢看电视剧的呢？

水景　我的梦想职业曾是电台作家，大学里的专业是文艺创作，但也是在大学里，我发现自己没有这种才能，就决定做一个好的读者、好的观众。

希定　哇，非常冷静地对自己做出了判断啊。

水景　就该这样嘛。那之后我就一直看电视剧，因为有一定的文艺创作专业背景，不管怎么说，我可能更熟悉用作家的角度来看这些电视剧吧。

希定　那如果让您选一部最喜欢的剧呢？

水景　啊，这可不是个容易回答的问题。因为我是个"速爱人"（迅速坠入爱河的人），看电视剧时总会全身心投入，如果只选一部剧，就会觉得对不起自己看过的其他剧⋯⋯不过，要选近几年的作品的话，我真的非常喜欢作家郑成珠编剧的《听到传闻》[1]。再选一部的话，就是 2016 年播出的《青春时代》[2]，关于这部电视剧，我写了整整 4 篇文章。2017 年的话，那一定是《秘密森林》[3] 了。

1　一部讽刺上流阶层家庭丑恶嘴脸的黑色幽默剧集。

2　一起住在大学附近公寓中的 5 位青年女性的故事，以角色朴素、情节写实为特色。

3　讲述了检察官黄始木（曹承佑饰）和女警察韩汝珍（裴斗娜饰）合作探究检察院内部腐败真相的故事。

希定 啊,《秘密森林》真是一部让人肃然起敬的作品。

允玉 我也很喜欢看电视剧。一般在确定是好作品后,我会一口气看完一整部。但是最近真没什么可看的剧。也许是因为现实太戏剧化了,我就改看新闻了。不过,要说我最喜欢的电视剧,那肯定还是《我亲爱的朋友们》[1]。这部作品中的老年女性希望在旅途中结束自己的人生,怎么说呢,看到她们的梦想,会让人转头回顾自己的人生,更深刻地思考死亡吧。

希定 我记得《青春时代》与《我亲爱的朋友们》是在差不多的时间播出的。其实描写家庭或恋爱之外的女性关系的电视剧并不多见,这两部作品分别呈现了二十多岁女性的共同体和六十到七十岁女性的共同体,播出时很受女性观众欢迎。

允玉 电视剧对我们生活的影响其实非常深,但以女性为主体的电视剧却很少。同时,在电视剧中也很难找到女性劳动者的形象。所以我就一直追在不爱看电视剧的孙希定老师身后……

---

1 讲述了即将走向人生尽头的老年朋友们之间的故事,也探讨了母女关系和老年女性之间的友情,被称为"黄昏青春"的人生礼赞。主演者有罗文姬、高贤贞、金惠子、朴元淑、尹汝贞、高斗心等。

希定　追在我身后喊"做期关于电视剧的吧！把电视剧和女性劳动者放出来"！☺

允玉　我们应该对这一点抱有问题意识，为什么没有关于电视剧中的女性劳动者的实质性讨论呢？☺

从家庭里的全能主妇，到职场里的女超人

水景　收到这个主题的邀约之后，我其实很苦恼。虽然我看了很多电视剧，但印象里并没几部是讲女性劳动的。电视剧是与大众联系非常紧密的领域，是最能敏感地反映世态的娱乐类型，但女性劳动却在其中被掩盖了。电视剧是这样，现实也不会有多么不同。我认为，在以男性为中心叙事的社会中，没有多少机会去发现和展现女性劳动者。因此，我也从未以女性劳动者的视角看过电视剧。

允玉　为什么没有以女性劳动者的视角看剧呢？

水景　回头想想，好像一直以来我对女性劳动都没有特别的认知。我的父母是经营店铺的，母亲一边忙店里的事，

一边料理家事。也就是说，我母亲其实也做"外面"的工作，但在我印象里，她就是个"家庭主妇"。

允玉　即使母亲和父亲都在经营店铺？

水景　母亲虽然忙店里的事，但在家里做饭、清扫、洗衣服的那个人也是她，所以对我来说，母亲不像一个"劳动者"。另外，不是有"职业女性"这个词吗？但在过去，"职业女性"这个词曾被歪曲为从事色情服务业的女性，这也反映了韩国社会对于女性职业贫瘠的想象力。当我首次意识到母亲的劳动分工问题，又联想到整个社会对此的认知时，立刻有了这样的疑问："家务劳动就不属于劳动的领域了吗？"

希定　这就是韩国社会的局限性，不仅对女性劳动缺乏想象力，甚至认识不到家务也是一种工作和劳动。

水景　所以，我想从这一点出发，开始本期的话题。虽然如今"家务"后面已经加上了"劳动"一词来强化认知，但是到我母亲那一代为止，都还没有这种意识。

允玉　是的。韩国社会不会把家务当作一种劳动。

水景　金秀贤[1]担任编剧的很多电视剧里，就展现了不被看到的女性家务劳动。她是一位非常善于描绘大家族系统的编剧。2016年，她担任了韩国首尔广播电视台（SBS）播出的电视剧《对，就是那样》的编剧。这部剧中也出现了三代人生活在一起的大家族，中心人物就是一位母亲，她"住在弥阿里山脚下一间十八坪[2]的联排住宅中，嫁进来就服侍公婆，六十年来手上没有一天不沾水的"。这位母亲都六十岁了还在听从婆婆的指挥生活，女儿觉得母亲的生活很憋屈，便问母亲"为什么要过这样的日子"，而母亲则生气地说"伺候你爸爸的父母是我理应做的事情，你们放学回家叫我'妈妈'的时候，你爸爸下班回家叫我'老婆'的时候，我都很幸福"。而且，母亲还加了一句"不要那么简单地把我在这个位置上认真履行的责任说成劳动"。在母亲看来，"劳动"一词似乎是对自己作为主妇的神圣职责的一种贬低。在很长一段时间里，女性的家务劳动与其说是劳动，更被认为是神圣的义务，这种意识完完全全地反映在剧中母亲这个角色上。

允玉　说出来如此神圣，但妻子也总是被丈夫刻薄地批评"我外出赚钱时你都干什么了"，双重标准仍旧存在。

1　韩国电视剧界广受好评的编剧作家。代表作有《青春的陷阱》《爱情与欲望》《爱情是什么》《洗澡堂老板家的男人们》《妈妈发怒了》《人生真美丽》等。

2　日本和韩国常用的土地或房屋面积单位。1坪约等于3.3平方米。（译者注）

水景 过往电视剧所描绘的大家族的生活画面中，男性的舞台总是客厅，女性的舞台总是厨房。而刻画母亲或父亲缺席的方式也存在差异。比如，父亲离世后，母亲会说"你爸爸如果还活着的话，你们就不会看不起我了"这种台词；而在母亲去世后，父亲经常是一边找袜子，一边感叹"啊，她不在了啊"。

希定 男性以自身为出发点进行回想，女性则因她的家务劳动被回想起来啊。

水景 这其实是强者认知弱者的普遍方式，所以我总觉得很不适。另外，这些剧总是借婆婆的嘴说出"丈夫在外面受苦，你在家里舒舒服服地花男人赚来的钱"这样的话。剧中除传统家庭主妇之外的女性角色，大部分是惹人讨厌的、自私的"新时代"媳妇，奢侈、贪婪、无视家务，非常没有日常感，在室内也全套妆发，总是穿着华丽的衣服。即使是女性观众，也会认为那样的女性是"反面角色"。

据我观察，在 1997 年的韩国外汇危机和 2008 年全球金融危机之后，女性劳动者才经常性地出现在电视剧中。随着男性家长失去工作，女性不得不投身到职场前沿，于是想要在社会变革中获得社会地位的女性出现了。电视剧也开始正式以"双职工夫妇""职业女性""黄金剩女"等话题展开女性劳动的叙事。

允玉　男性家长作为家庭主要经济来源、女性料理家务的浪漫化传统家庭形式，在外汇危机之后变得完全不可能了。

希定　实际上，由男性家长一人承担家庭的经济来源，韩国也仅仅在 20 世纪 70 年代和 80 年代短暂地实现过。

水景　说到职业女性，我想到的剧是由金惠秀主演、2013 年播出的《职场之神》[1]。大家看过吗？觉得怎么样？

允玉　非常痛快。2002 年，我们的劳动者会就对韩国企业和职场的这种"女性职工非正式化、非正式职工女性化"的"新自由主义秩序"提出过质疑。这部电视剧中，主角金小姐是劳务派遣员工，但其工作能力和内容都远远超越了正式员工。哪怕明知道电视剧是虚构的，这种设定也很令人兴奋。

希定　不过，得像金小姐那么努力，才能在职场生存下去啊。

允玉　所以金小姐终究是一个极度例外的人物。

1　翻拍自日剧《派遣员的品格》。本剧主角金小姐受到银行火灾的刺激，主动选择做非正式员工，新职场每天都有围绕她展开的黑色喜剧。后金小姐自主考取了 170 余种资格证，成了"超甲级别的非正式员工"。

水景　我非常同意希定老师意识到的这个问题，看着剧里的金小姐我总会想，最喜欢这个角色的会是谁呢？是公司吧。有能力，从不要求改善待遇，从不参加罢工，合同到期就非常"酷"地离开。

允玉　其实我看在的时候没想到这一点。现实中我们总是受害的一方，在电视剧里看到这么潇洒的人，就会很痛快。

希定　我好像看过大概 30 秒的《职场之神》片段视频，当时就觉得金小姐太像机器人了。

水景　剧中，金小姐变成这样是有原因的。第 1 集的导语是："外汇危机 16 年后，非正式员工、合同制员工、临时制员工[1]等新人类出现了。"金小姐原来是银行正式职工，

1　韩国和中国常见的劳动雇佣形态有所不同。在韩国，最能保障稳定生活的是正式员工身份。韩国的正式员工劳动合同为不限定合同期限，生效至员工正常退休。正式员工之外，是非正式员工。此处的合同制员工、临时制员工，都是非正式员工的一种形态。合同制员工待遇和正式员工基本相同，但劳动合同有期限且较短，一般不会签至员工退休；临时制员工，指因项目或工程的人力需求，合同期限得到延长的合同制员工，一般延长时间为 1~2 年。虽然很多人希望通过合同制员工的身份进入公司，将来通过业绩转为正式员工，但实际上很难实现。即使能够签订保障至退休的"无期限合同"，真正的待遇和受尊重程度也和正式职工有所差别，经常会受到歧视。需要注意的是，韩国的非正式员工和中国的劳务派遣员工有相似之处，但不完全相同，不能直接进行对应和转换。（编者注）

但 2007 年《非正式员工保护法》修订[1]后，银行员工开始罢工。金小姐一直追随的一个姐姐陈系长，就加入了罢工。罢工过程中，银行发生了火灾。结果陈系长就死在了里面，金小姐也被烧伤。我们可以清楚地看到，金小姐是如何被把人持续工具化、只以正式员工和非正式员工区分人的社会变成没有情感的机器人的。剧中不仅有金小姐，还有其他女性劳动者出场。有实习期 3 个月的实习生郑朱莉，还有以非正式员工身份工作了 5 年的朴奉熙。这位工作 5 年的女性怀孕了，但担心怀孕会影响自己转成正式员工，所以一直在隐瞒。电视剧中除了一位名叫金光娜的女性，所有女性角色都是非正式员工。

希定　这也是现实。

水景　是的，正如刚才所说，金小姐是极其例外的情况。毕竟我们不可能像金小姐一样考取 170 种资格证，成为"超甲级别"的非正式员工，这部剧中最写实的角色反而是上

1　1997 年外汇危机后，韩国非正式职工的规模激增，数量超过了全体劳动者的三分之一，他们遭受的不平等待遇也导致韩国的社会矛盾不断激化。2007 年修订的《非正式员工保护法》规定雇主雇佣合同制员工（包括临时制员工）2 年以上后，要将其转换为正式员工，否则将被处以 3000 万韩元以下的罚款；非正式员工可以通过劳动委员会对自己遭受的不平等待遇进行申诉，等等。但劳资双方都对该修订不甚满意。一方面，劳动者认为，虽然在转换正式员工上对雇主进行了强制要求，但雇主在 2 年内仍然随时可以解雇，反而加深了员工的不安。另一方面，雇主认为，该要求会使员工的工作积极性下降，不利于市场经济的发展。（编者注）

面说的实习生和隐瞒怀孕的合同制员工。

水景　这两位女演员在 2017 年的电视剧中再次登场。实习生成了《自体发光办公室》中的殷浩媛，需要隐瞒怀孕的合同制员工成了《爸爸好奇怪》中的金侑珠。金侑珠也怀孕了，被公司发现后遭遇劝退，最终选择了流产。

希定　原来这种情节在电视剧中一直都有啊，现实中也确实存在这样的事。

允玉　现在韩国的女性非正式员工数量是男性非正式员工数量的 2 倍。为了一直让女性以非正式员工的身份工作，企业常常会非法拆分合同。几年前，应该是在中小企业振兴会发生的事吧，雇佣女性实习生，承诺 2 年以后转为正式职工，但合同的时限并非 2 年，而是 2 个月、3 个月、6 个月，如此进行拆分，把职工玩弄于股掌之中。有位女性向上级告发了职场性骚扰后，在 2 年合约期满的 2 天前被通知解约。

希定　最后，这位女性自杀了。

水景　所以，过去社会是踩在为家庭牺牲的母亲背上来维持的，现在变成踩着女性非正式员工来维持。

希定　电视剧中也不是只有女性非正式员工吧？

水景　对，2014 年播出的电视剧《未生》[1]中就出现了女性正式员工。

希定　啊，我看过《未生》。

水景　那可太好啦。☺《未生》以围棋为喻体，展示了公司这个小社会中劳动者的日常生活与人际关系。主角张克莱只有高中学历，围棋曾是他生活的全部，在没能成为职业棋士后，他入职大企业 One International，首次成为职场人的他遭遇了前所未有的挑战。

允玉　这部剧应该也刻画了女性劳动者的境遇吧。我记得其中有句名台词："你是来散发脂粉味的吗？"

水景　剧中和主人公张克莱一起入职的有三个人，其中唯一的女性是姜素拉饰演的安英怡。其他的女性劳动者还有实力强悍的上班族妈妈宣次长，以及短暂出场过的、像怪

1　由同名人气漫画改编而成。曾把围棋当作人生全部的张克莱未能成为专业选手，遂进入贸易公司 One International 工作，开启曲折的职场生活挑战记。

物一样的财务部长。我对安英怡很感兴趣。安英怡是以第一名的成绩入职的，能力出众，但她在以男性为中心的组织内部总是被排挤，甚至还会遭受一些不公平对待。张克莱有吴尚植科长或金东植代理这些好前辈，哪怕他犯了一些错误，也有人帮助他，而安英怡完全是孤身一人。

希定　我认为这一点也是电视剧对社会现实的再现。节目开始前我们也聊过几句，《秘密森林》中裴斗娜饰演的韩汝珍，与其他女性角色完全没有交集，没有拉她一把的前辈，永远在孤军奋战，只能凭自己出众的能力来一决胜负。其实在看《秘密森林》的时候，比起曹承佑饰演的黄始木检察官，我认为韩汝珍更像虚构的人物。

水景　这两个女性角色的差异是韩汝珍可以崭露头角，但安英怡却没有这样的机会。虽然也有观众想让同为女性的宣次长成为安英怡的助力，但宣次长自己也处于一个非常不安定的职场妈妈的位置。

希定　她自己的工作和生活都一团糟，简直生不如死，哪里还顾得上拉安英怡一把。

水景　我很好奇为什么安英怡会被那样讨厌，她十分优秀也算原因之一吧。她不经常笑，性格也不随和，不管是男同事还是职场前辈，都爱往更坏的方向刺激她，会说出"没办法和女人共事"或者"女人本身就是问题"等打击女性的话。我们在谈论职场女性歧视的问题时，男性总会很委屈地说，公司里饮水机的水桶还得男性来换。最让我无法理解的是，剧中也出现了安英怡独自换水桶失败的镜头，我认为那个镜头非常不现实。我个子不高，但真的可以自己换水桶。☺

允玉　我也可以自己换。

水景　先提起水桶，放在膝盖上支撑，然后放进饮水机就可以了。但是剧里，安英怡却做不到。☺总之，这部剧对安英怡设置了非常多的标准。要有能力，要听话，要漂亮，还得是能帮到公司的那种漂亮。对她要求这么多，却没有安排可以教她、帮助她的同事。她只要有一次失误，就会被说"女人本身就是问题"，瞬间陷入万劫不复。如果安英怡在这个职场中可以非常顺利地生存下来，结婚，生子，成为职场妈妈，一切都会变好吗？其实宣次长就是她的未来。那么宣次长过得怎样呢？

智惠　真是没有尽头啊。

水景　就是说啊。在准备本期节目的时候，我想了一下，如果女性劳动者想获得稳定的立足之地，其过程必是苦难的连续，就像某种生存游戏。虽然公司认可宣次长的能力，但她也要完美地履行母亲的职责。职业女性都要在这双重的劳动岗位上奋斗不停。

希定　这个社会要求女性都是女超人。

水景　除了宣次长，还有一位被公司的人归类为"独行侠"的财务部长也是女性角色。综合来说，有能力但没能融入组织的年轻女性，和工作做得好、照顾孩子也未曾疏忽的"职场妈妈"，还有独来独往的"黄金剩女"，这些角色就是当今韩国电视剧刻画的女性劳动者的样貌。

"职场妈妈"这个词，
本身就是一种歧视

允玉　现实生活中，女性既从事家务劳动，又从事生产劳动。然而，在再现女性劳动者时，比起作为劳动者的身份，电视剧更倾向于强调她的性别角色，结果总是呈现出"女职员"这一趋同的刻板形象，这些角色也无法获得与男性同等的待遇。如果观察得再具体些，电视剧呈现的女性劳动者刻板形象都有哪些类型呢？

水景　首先，最典型的就是"潜在的恋爱对象"。

允玉　即使是职场女性？

水景　不是有这样的说法吗，美剧的警察负责调查，医生负责治病，日剧的警察和医生负责教你做人，而韩剧的警察和医生负责谈恋爱。只要是在剧中，不管女性是什么样的性格，做着何种工作，都会被刻画为恋爱对象。

希定　也就是说，在韩剧的世界观中，女性角色如果和男性角色没有性关系或血缘关系，其存在都无法被证明。

水景　是啊，现实中，哪有女人会因为没有获得男人的爱情就活不下去了啊？女性有自己的工作，有自己的人生，但电视剧判定她们不可能拥有与男性无关的独立人生。

希定　这么看来，现实与电视剧非常密切地相互映射着，无法想象女性劳动者的社会生产了无法想象女性劳动者的电视剧，而电视剧又会反过来影响社会现实。

水景　是的，还有"职场妈妈"角色也经常出现在最近的电视剧中。刚才介绍的《未生》中的宣次长是代表性的例子，还有 2017 年的《自体发光办公室》中的赵石庆科长。其实"职场妈妈"这个词仔细想来非常奇怪，怎么就没有"职场爸爸"呢？非要在女性身上把"工作"（working）和"妈妈"（mom）组成一个单词，将其定义为一种特别的身份，而男性拥有职业、参加工作就是基本常识，这本身就是一种歧视。

希定　还有一部电视剧叫《职场妈妈育儿爸》[1]。

水景　所谓的"育儿爸爸"和"职场妈妈"一样，都是特殊的存在。比如《警察夫人》这部剧，即使女主角从事的是警察这样特殊的工种，她在决定性的瞬间也会反复强调"我就是个大婶"。在电视剧中，不管女性角色是律师还是警察，她的性别身份、妈妈身份永远都被放在最前面。

希定　也就是说，"职场妈妈"这个头衔，在职场中"妈妈"二字就被加粗，在家中"职场"二字就被加粗。

允玉　是啊，女性就被放置在这个矛盾的结构中——在家中因为自己是"职场"妈妈而总对孩子心有愧疚，在公司中又因为是职场"妈妈"被扣上不干活的帽子。

1　剧中围绕工作的妻子和育儿的丈夫讨论了职场人怀孕、生子、育儿等现实问题。

水景　最近的电视剧中，也出现了很多离了婚的职场妈妈角色，她们因这样的身份受到了来自男女同事双方的歧视，以及更严重的差别对待。《自体发光办公室》中的赵石庆科长就是离了婚的职场妈妈。赵石庆科长是个什么样的人呢？她是直到分娩前一天都咬着牙加夜班，生完孩子后两周就开始上班的传奇主人公。她就是这种好胜心非常强，业务能力也非常出众的女性。可就算她是这样的人物，每次同期入职的同事们升任部长，她都因身为女性被排除在外，只能一直做科长。她离婚的消息一传到公司，马上就出现了"肯定因为她太狠毒才会离婚"的谣言。

允玉　仅仅因为身为女性，就在职场中被歧视，连她做的工作本身也受到歧视，真令人愤怒。在劳动者会接受咨询的时候，我常了解到的情况是，中青年女性的工作，经常会被定义为"赚零花钱"的活儿，社会并不认可女性认真履行劳动的事实，这样的现实也真实地反映在电视剧中。

水景　从事特殊工种或文职工作的女性，哪怕是非常负面的形象和设定，至少能在电视剧中有一定比重的呈现。但从事体力工作或服务业的女性劳动者在哪部电视剧中被着重呈现过呢？我几乎一部也想不出来。

希定　每当谈到男女平等的话题时，人们会用"这是逆向歧视，女人明明都很有能力嘛"来反驳。我认为这种逆向歧视的错觉，和大众文化展现"黄金剩女"或能力突出女性的方式息息相关。如果只展示女性劳动者金字塔尖那些能打破"透明天花板"的 1.9% 的人的话，就会抹消其他多种性质的女性劳动，对各种状态下的女性劳动者的刻画也会流于轻浮，比如动辄以身体为代价和出身优越的男性进行利益交换的桥段，其实并不是现实啊。

水景　"潜在的恋爱对象""职场妈妈"我们都谈到了，最后一个电视剧中常见的刻板形象就是"不懂人情世故的厉害女性"。

允玉　强势的姐姐们?

水景　《职场之神》中金小姐总是拒绝组内聚餐或招待客户，因此在职场中被孤立。《未生》中的安英怡也常被别人说"那女人怎么那么刺头啊"。2016 年还有一部叫作《玉氏南正基》[1] 的剧，主角玉多情就是一个一板一眼、经常质疑男性中心的职场文化和"甲方文化"的人。综合金小姐、安英怡、玉多情这三个角色来看，她们都能力出众，但拒绝顺应以男性为中心的组织文化，所以在公司内部始终是

1　该剧讲述了一个性格急躁的女人与一个做事小心谨慎的男人之间的趣事。

负面形象。

允玉　因为拒绝顺应，就被指责为"没有社会性""不懂人情世故"，但其实这种组织文化体现的所谓"社会性"中，相当一部分都是非公正交易和腐败。

水景　电视剧中，男性的酒桌文化经常呈现得十分自然，《未生》和《玉氏南正基》中都是这样。在男性联盟建立起的酒桌文化中，女性劳动者能做的事情并不多。被挤下来的她们，或成为孤身一人，或成为职场妈妈……

希定　《秘密森林》中有一句让我印象非常深的台词。一个男人和女婿喝完酒回到家，女儿问他："喝得很尽兴吧？"结果他这样回答："你没听说过，男人喝的酒里一半都是苦恼吗？"在酒桌上，无论是政治还是生意，都可以解决。现实生活中，男性联盟的酒局文化又常常以"按摩房文化"为代表，把女性的身体作为礼物进行交换。自然而然地，女同事就被排除在外了。

水景　甚至还创造出"女人的敌人是女人"的谬论，将女性关在"雌竞"[1]的结构中。《秘密森林》中，面对"都说女

1　"雌竞"是一个在中文网络中被发明出来的流行用语，用来形容女性之间的相互竞争、相处仇视的关系。（编者注）

人的敌人是女人"这种臆断，剧中某个女性角色爽快地对答："说女人的敌人是女人的人，是不是自己一直以来把其他女性当作敌人来对待呢？"

只要有一个人大声喊出来，改变就会发生

希定　电视剧中对女性的刻画，不管是扭曲的还是贴近现实的，都挺让人烦躁的啊。☺ 不过应该也有值得一看的再现吧，有哪些电视剧值得推荐呢？

水景　这个问题我也思考了很久。说实话，听完综艺那期节目后我觉得，比起综艺，电视剧还是更乐观一些。电影也是。

希定　至少电视剧还有点希望，真是万幸。您有什么推荐吗？

水景　我按照角色类型进行了整理。第一种是"用成就与自豪感武装自己的女性"，听上去有点宏大。《职场之神》中的金小姐或《玉氏南正基》中的玉多情就是很好的例子，让人看了就觉得清爽，就像一口气喝了十杯雪碧。她们都

是很好地构建了自己的领域，最终也让自己所属的集体受益的角色。这种角色，其实并不是突然产生的，在很久之前的《老小姐日记》或《我叫金三顺》等剧中的三十多岁女性角色就是这类帅气角色的前身。《老小姐日记》中的崔美子是配音演员，《我叫金三顺》的金三顺是甜点师。当然，主要剧情还是她们的"恋爱"，但其中也展示了她们在各自领域发展为女性劳动者的可能性。

水景　这些作品在 2005 年出现，自那以后经过了 10 年，如今电视剧中的女性劳动者面貌好像变得更多样了。不仅如此，在爱情上，女性也变得更主动。

允玉　《玉氏南正基》中玉多情的人脉关系是靠三任丈夫搭建起来的这一点很有趣。当然，每次获得帮助都要靠男性的情节，有点让人受不了，但这也是对现实生活中女性没有稳定的互助网络的反映。

水景　不管是金小姐还是玉多情，最终都以自己期望的方式选择了公司，之后又用跳槽守护了自己的自尊，获得了成就，从结果上看，这些角色还是具有积极意义的。

允玉　玉多情在中小企业工作时，对大企业合作方也是有什么说什么。

希定　真是超级幻想剧啊。

水景　第二种是"遵循欲望的女性"。《意面情迷》的徐宥京，《嫉妒的化身》的表娜丽都是代表性的角色，都由孔晓振饰演。编剧徐淑香很擅长写充满欲望的女性为获得成功而努力的故事。她们会不停地换男友，也会利用男人，在过去的电视剧中，是很可能会被刻画为恶女的角色。但徐淑香作家却把这种角色写得非常积极可爱。《意面情迷》中的宥京最终和为难自己的主厨坠入了爱河。同事问她："你这样事业爱情两手抓，是不是太贪心了？"徐宥京则这样回答："兔子上班也不耽误恋爱。"

允玉　这部剧赋予了女性恋爱和工作都想要的能动性啊。

水景　可以这么说呢。还有一种是"不恋爱只工作的女性"。

智惠　啊，是《秘密森林》里的角色。

希定　但其实这部作品中出现了警官韩汝珍与检察官荣恩秀两位女性角色。她们都喜欢黄始木吧？只不过因为黄始木有情感障碍，才没有走到一起。

水景　是吗？我感觉韩警官对黄始木的感情是一种怜悯呢。

希定　啊，也可以这样理解呢。

水景　不仅是荣检察官或韩警官，黄始木检察官的办公室也有其他女性。有位工作能力很强，什么事都能有条不紊地解决的女性，我很喜欢。虽然戏份不多，但好像一直存在于叙事主线中。另一个不恋爱的女性就是《信号》[1]中的车秀贤，也由金惠秀饰演。

希定　车秀贤在剧中不是有一个失踪的恋人吗？

水景　不，重点并不在于女性是否恋爱，而在于女性的劳动是在哪种关系中被刻画的，是否总是被安插进勉强的爱情线。其实现在的观众也开始厌烦这样的爱情线了。女性再也不是男性的补充，而是在叙事的中心主导故事，这很重要。

1　讲述了2015年的心理侧写师朴海英（李帝勋饰）与活跃在1980年，并于2000年失踪的刑警李材韩（赵震雄饰）通过一台对讲机进行超越时空的对话，共同推理追击冤案悬案的故事。朴海英的领导车秀贤（金惠秀饰）曾与李材韩共事，一直在寻找失踪的他。"世越号"沉船事故后，韩国社会出现"回到过去"的叙事风潮，出现了很多为把被害者从事故或灾难中救回而努力的"穿越"电视剧。

希定　嗯，是这样的。

水景　最后一种就是最近常出现的"N弃世代"女性。《听到传闻》的徐春，《自体发光办公室》的殷浩嫒，《三流之路》的崔爱罗，还有《青春时代》的"合租客"们，都属于这一类型。我想强调的是，未来没有保障的女性非正式员工的故事正在变多。《听到传闻》其实并不只是关于女性劳动者的故事，但我实在太喜欢了，想在这里提一下。这部剧中，徐春（高雅星饰）在高三的时候，与司法官员世家的长子韩寅相共度一夜后怀孕，成了这家的儿媳妇。但她并没有顺从这家的旧习，而是开始了某种斗争，与家庭中的弱者们，即秘书、保姆、管家等人形成联盟，引发了一场"革命"。

希定　这是个雇得起保姆和管家的"甲方家庭"啊。

水景　电视剧的拍摄场所——昏暗的古宅，也在传达一种信息，穿着女仆装的保姆和管家与徐春一起学习劳动法，对"甲方"进行反抗。学习劳动法的场景在这部剧中占据了很长的篇幅。最终，这些人挣脱出了古宅代表的旧世界，形成了新的共同体。后来，徐春准备司法考试时，她的孩子也是由这个共同体来共同照顾的。

希定　必须看一下了。

水景　这部电视剧真的值得一看。

希定　您的"安利"成功了。☺

水景　有趣的是,《听见传闻》的徐春和《自体发光办公室》的殷浩媛都是由高雅星饰演的,高雅星是"N 弃世代"女性非正式员工的代表面孔啊！其实我非常喜欢高雅星的眼神,那是一种"不服输的眼神"——并非燃烧着愤怒的眼神,而是直视对方、率直地表达自己所想的眼神。

允玉　反抗职场中的不公正待遇,为自己发声的"N 弃世代"女性非正式员工角色也在电视剧中登场了。

水景　虽然这些女性在抗争,但也并不代表这个世界正在发生变化。她们仍然处在随时都可能被解雇的危机和循环的歧视结构中。

允玉　是啊,这也可以说是女性劳动者的终身叙事了。

水景　我们的社会仍在以正式员工和非正式员工作为评判标准,青年女性常常被安排到条件最恶劣的非正式劳动岗位上。然而，社会不正视这种情况，只是单纯地指责她们个人"没有充分努力"，或是引用"出身论"贬低她们所在的阶级。《青春时代》中的尹真明就是将遭受暴力和榨取的青年女性非正式员工再现出来的角色。打工人尹真明的梦想是找到稳定工作，过平凡的人生。她同时打两三份工，唯一的娱乐是周日晚上喝一罐啤酒。就算是这种生活，也需要她切断所有的人际关系、专心赚钱来维持，在职场中还要忍受性骚扰。《三流之路》的崔爱罗是百货商店的前台导购员。很多人都看不起导购员嘛，她被横行霸道的消费者当作出气筒，成了其他同事的替罪羔羊，最终被赶出公司。但崔爱罗也是个会抵抗的女性，她并没有完全绝望。当面试其他公司的时候被问"别人都在累积经验的时候你在做什么"，她瞪大眼睛回答："我在努力赚钱活下去。"

允玉　真想为她鼓掌。她没有畏缩，这本来也不是她的错啊。我认为大家都应该形成这样的共识。节目接近尾声，水景老师还有什么要补充的?

水景　其实在接到这个主题的邀约时，我最先想到的电视剧是《无理的英爱小姐》[1]，应该是《田园日记》以后最长寿

1　讲述了虽然和明星李英爱同名，实际却是"韩国女性平均以下水平"的英爱小姐（金贤淑饰）在社会上孤军奋战，为事业、爱情、友情，以及人生理想奋斗的过程中跌宕起伏的喜剧故事。

的电视剧吧。如题所示，故事以主角李英爱为中心展开，10 年间她经历了 4 次离职——2 次主动辞职，2 次被辞退，最终作为"职场女性"走向成熟。之前的嘉宾崔至恩记者在一篇关于该剧的报道中，对很多"李英爱"所处的现实进行了归纳，她写道："虽然主角的岗位是广告设计师，但也做经理的事，还要帮同事叫车，甚至清扫也成了作为女职员的她的分内事。剧中这个规模不到 10 人的小公司，工作环境极不稳定；公司缺少防止专权的管理系统，时常因社长个人的一时兴起或无能出现大量的人力消耗；工资却原地踏步，拖欠发放也是常有的事。根据第 12 季的内容，英爱作为有 12 年资历的设计师，月薪还不到 203 万韩元 [1]。"虽然前面介绍了几个女性劳动者角色，但这部剧中的李英爱应该是最接近现实的一个吧。

允玉　是啊。听说现在韩国男性的平均工资与女性平均工资比率 [2] 是 100 : 64，不足 10 人的小公司的情况应该更恶劣吧。

水景　所以，绝大多数职场女性其实都是"李英爱"啊。

1　以 2024 年的汇率来计算，约合人民币 10556 元左右。（编者注）

2　根据韩国统计厅、女性家族部 2017 年 6 月发布的《通过统计看 2017 年的女性生活》中引用的雇佣劳动部的资料，2016 年女性月平均工资为 186.9 万韩元，是男性的 68.4%。在同一资料中，2006 年女性月平均工资为男性的 64.3%，10 年间仅上升了 4.1%。

在这个意义上，这部剧是非常优秀的。希望这部剧可以继续长寿下去，李英爱可以与同时代的女性一起变老。

电视剧是对大众生活的变化最敏感的艺术类型，相对地，应该也具有更快改变的可能性。虽然还有诸多不足，但我认为最近几年，电视剧的女性叙事的确正在改变，希望在未来，电视剧可以展示出更丰富的女性形象，创造出更多的女性榜样。

允玉　我认为人生中有两件事是最重要的，一是做什么工作，二是和谁一起生活，也就是工作与爱情。到目前为止，电视剧只关注"要和谁一起生活"或"要爱什么样的人"，现在也该到谈论"要做什么工作"的时候了。希望有更多的电视剧来讲述平等的人生是什么样的，以及我们应该追寻什么样的生活方式。在此基础上，以女性主义的视角分析和讨论电视剧对女性的再现就是有意义的。本节目也将持续提出这样的问题。

智惠　《秘密森林》的韩汝珍警官有句台词让我印象深刻："就是因为我们闭上眼睛，保持沉默，才会变成这样。只要有一个人大声喊出来，改变就会发生。"也许我们的节目就在担任这种"大声喊出来"的角色。

水景　正因如此，今天能来这个节目，真的很幸运。

吴水景的后记

在"女性主义重启"和"#Metoo"运动后，电视剧中的女性角色也出现了许多变化——《迷雾》中充满好胜欲望的主播，《汉谟拉比小姐》中思考社会正义的法律人士，《Live》中救助弱者的警察……这些女性都在努力工作、不断成长。当然，很多角色也有局限性——《经常请吃饭的漂亮姐姐》中的尹珍雅最终还是没能走出"父母的家"，《男朋友》中的车秀贤也难逃"浪漫展开"的陈腐套路，《阿尔罕布拉宫的回忆》中的女性角色似乎就是为了男性叙事存在的……电视剧反映着社会的律动，也会与社会习惯和公序良俗的局限性发生碰撞。那么，怎样克服这种局限性呢？既然女性叙事的数量在可喜地增加，也到了在质量上下功夫的时候了吧？为了让电视剧中的女性找回身为主体的地位与生活，应该鼓励更多女性主义视角的批评出现。

女革命家与女工文学：

能决定人生是喜剧还是悲剧的，
只有女性自己

嘉宾　吴慧珍

　　文学研究者、评论家，研究方向为韩国近现代文学，致力于解构支配韩国文学史的既定秩序下的"文学神话"。

　　著有评论集《极度文学性的倾向》，与他人共著《打碎文学的文学们》等。曾在《韩民族日报》连载专栏"2030年解锁"。

引 言

允玉　本期我们也邀请到一位带来有趣话题的嘉宾，也是本节目的忠实听众，文学评论家吴慧珍老师。

希定　本期的讨论将围绕作家赵善姬的小说《三个女人》和露丝·巴勒克拉夫的学术论著《女工文学》展开。不久前，《军舰岛》《出租车司机》等历史题材的电影成了热门话题，关于"如何再现历史"的讨论非常活跃。到目前为止，韩国观影人次超过千万的电影共有15部，其中一半以上都是历史题材的电影。大家有印象比较深的电影吗？

允玉　《暗杀》《南汉山城》。

智惠　《王的男人》《国际市场》。

希定　还有《鸣梁海战》《实尾岛》《太极旗飘扬》。这里很重要的一点是，随着历史题材电影的主流化，大银幕上的男性被过度放大，女性则从象征层面上被消灭了。

允玉　除了《暗杀》中的安玉润外，这些电影的主人公都是男性。

希定　对。到目前为止，历史题材电影中再现的"历史"大部分都是男性的故事。我在参加综艺节目《刻薄男女》的录制时，曾就"为什么历史教科书中没有女性"进行过讨论。一位参与讨论的嘉宾非常认真地说"那也不能编造不存在的历史教孩子们吧"。但是，并不是历史中"不存在"女性，而是以男性为中心记录的历史抹去了女性，女性无法得到正确的价值评价。在这样的社会环境下，描写近代女性革命家的《三个女人》的出版就十分值得让人高兴了。吴慧珍老师也推荐了《女工文学》和《三个女人》一起搭配讨论。

慧珍　这两本书适合搭配讨论的原因有三个。第一，两部作品中的女性人物都摆脱了传统的女性形象，试图探索新形式的主体化。第二，它们虽然分别是小说和历史研究著作，但都为了再现女性的历史而尝试提出新观点和方法论。第三，它们都让读者重新思考读书的意义。两部作品分别描绘了"女性革命家"与"女性工厂劳动者"两种历史形象，让我们领略当年阶级化的知识、欲望与文化。书中的人过着和读者完全不同的人生，当书中人的欲望在脑海中清晰成形，这对读者来说也是极其快乐的阅读体验。

允玉　这种重新书写女性历史的尝试，与最近兴起的女性主义浪潮有关系吗？

慧珍 《三个女人》初稿完成于 2005 年。学术界大概也是在这个时间前后意识到对女性革命家进行再诠释的必要性。一般来说，人们常常以朴宪永、金丹冶等男性革命家为中心研究发生在朝鲜半岛的社会主义运动，女性革命家的故事则被弱化。但是在 21 世纪初，重新关注这些女性革命家的意识在学术界渐渐复苏，《三个女人》便成了该观点及成果的继承者。《女工文学》也差不多，作者曾在 2005 年将这本书的一部分作为论文发表，当时的题目是《当韩国的女性劳动者开始写作》。这两本书的出版与现在的女性主义浪潮不能说完全没有关系，作家赵善姬也说过，"这本书能在这个时代出版，是它的幸运"，如果年轻读者对女性主义的关注度高涨，那么接受《三个女人》的土壤就算准备好了。

希定 我因为《三个女人》的描写不够温柔，还有些伤心。比如我以为，主人公之一的许贞淑 [1] 通知狱中的丈夫林元根办离婚的桥段会更详细地展现。但书中只是一句"许贞淑带着离婚资料过去，盖章后出来了"就结束了。

1　许贞淑，朝鲜共产党的标志性人物，朝鲜妇女运动领导人之一，同时也是朝鲜性解放运动代表人物之一，著名的自由恋爱主义者。

慧珍 如此简洁的文体也许正是这本小说的美德。我们可以把它与之前革命家传记形式的小说做比较。比如，我们都很熟悉的小说《常绿树》的作者沈熏[1]在1930年写过一部名为《东方恋人》的小说，普遍认为这本小说的主人公原型是朴宪永[2]和朱世竹[3]。但是，在常见的叙事模式中，女性革命家被过度地刻画成全身心投入恋爱、婚姻和育儿生活中的形象。并不是说这种描写一定是不好的，但《三个女人》尝试了与这种传统不同的方式。当我们想象有分量的宏大历史叙事时，总是默认主人公是男性嘛，但《三个女人》展现了女性主人公主导的悠长而厚重的壮阔史诗。我认为这种简洁的文风也对这一点起到了作用。

革命的现场，女性的位置

慧珍 《三个女人》讲述了20世纪20年代三位"新女性"——许贞淑、朱世竹、高明子[4]的故事，她们分别生于

1　沈熏，韩国作家、诗人、导演、编剧。曾积极投身革命，后被捕。出狱后，被学校退学的沈熏前往中国，此后开始创作诗歌与小说。

2　朴宪永，朝鲜抗日独立运动家、革命家，朝鲜劳动党的早期主要领导者之一，曾任朝鲜民主主义人民共和国副首相兼外务相。

3　朱世竹，朝鲜抗日独立运动家、社会主义革命家，同时也是朴宪永的第一任妻子。

4　高明子，社会活动家，与朱世竹、许贞淑一起被称为朝鲜共产党的女性"三驾马车"。

1902 年、1901 年和 1904 年。"新女性"是指在普及女性教育的风潮下，最初进入现代化学校学习的女性。这本书的主人公"三个女人"都是在能读会写之后，接受了马克思主义思想，成为女性社会主义革命家，她们的恋人也都是韩国历史上最有名的革命家。从最近涌现的多部描绘日据时期朝鲜半岛革命家的电影可以看出，在革命家们的叙事中，总能找到光环来刺激虚构的欲望。他们不是肖像中那些被压抑的无力民众，而是少见的流动性的存在，是掌握武器、超越了合法与非法框架、有重新设计世界欲望的世界公民。目光炯炯的男性革命家们的决心与柔情、变节与复权等戏剧化的经历本身就是一部电影。

在如此精彩的戏剧中，女性是如何被呈现的呢？在现有的叙事中，女性革命家的地位是不稳定且被限制的，她们往往仅作为男性革命家的恋人登场，或被设置为男性革命家变节的证人。女性革命家被描绘成这种典型形象是有一定原因的，只因女性革命家并没有在正式记录中留下丰富的故事素材。因此，可以说，《三个女人》填补了史料的空白。

允玉 我们最熟悉的日据时期女性革命家是柳宽顺[1]。也是

---

1 柳宽顺，女性独立运动家。在京城(今韩国首尔)钟路的塔洞公园参加"三一运动"之后，在主导家乡的独立运动后被捕，被日本殖民当局判处 7 年徒刑，其后因严刑拷打及营养不良在拘留所去世，享年 18 岁。

因为韩国的历史研究领域一直非常重视反抗日本帝国主义的斗争，柳宽顺的故事才留了下来。但在很长一段时间里，《三个女人》中涉及的朝鲜半岛社会主义运动史在韩国曾是一个禁忌。

慧珍 直到 1988 年颁布了相关解禁措施，这方面的研究才成为可能，对女性革命家的研究就更不用说了。搜索有关女性革命家的新闻媒体报道，主要会出现两种叙事。第一种是把她们当作男性革命家恋爱经历中的绯闻主人公来消费。朝鲜半岛的社会主义运动在 20 世纪 20 年代十分活跃，到 30 年代几乎全部转到地下，在此期间，媒体关注的却是"男性革命家入狱期间，他们的妻子应该如何守节"的问题。

允玉 就像 20 世纪 70 年代有很多韩国男性去中东赚钱，留在家中的妻子们遭到了整个社会的道德监视和管控。

慧珍 综合杂志《三千里》1930 年 11 月号上，登出了题为"入狱者之妻的守节问题"调查问卷，宋奉瑀、许贞淑、丁七星等知名人士都参与了这项调查。宋奉瑀是其中唯一的男性，他认为"应该严守贞洁"，但许贞淑却明确指出，守节问题是只针对女性社会主义者的提问。而男性革命家如宋奉瑀，明明与许贞淑为恋人关系，却用"严守贞洁"

的回答来撇清自己与许贞淑的关系，保住自己的名节，这一点很值得玩味。

女性革命家的第二种叙事则是转向思想[1]。很多革命家从监狱释放的时候，都会写下"转向书"，表示自己不再参加社会主义运动，要作为"日本帝国忠诚的新民"生活。这种时候，男性革命家为了把自己的转向正当化，就以"生活"为借口，声称自己在从事革命活动期间，家庭破碎，生活零落；同时，把他们的妻子定义为不断催促丈夫回归家庭的小市民。同为革命同志的女性，被他们完全封闭在私人领域，成为他们抛弃革命意志的罪魁。但实际上，大多数女性革命家在丈夫入狱期间，在革命第二线保卫了组织，为日后的东山再起做准备。许贞淑的丈夫林元根入狱后，许贞淑与宋奉瑀同居、与林元根离婚；而在宋奉瑀发生立场转向后，她也与之分手，与崔昌益一起为谋求武装斗争前往中国。许贞淑的选择，都是为了延续自己的革命活动。

允玉　这本书里我久久不能忘怀的一句话是"她们的二十岁悲壮而畅快"。许贞淑不顾父亲的反对，留下书信后独自去上海。"她的二十岁，比起早早婚配，寻找人生的意

---

1 "转向"这个概念，是由当时的日本司法当局作为怀柔手段创造出来的，指让马克思主义者等革命家放弃共产主义信念和革命活动的消极行为，后变成促使"转向者"积极服从日本"国体"的政治概念。（编者注）

义更加紧急。"朱世竹和高明子也想过上独立人生，所以离开家庭，这是她们革命的出发点。我很喜欢这些段落，因为我也是这样想的。

希定　许贞淑在朝鲜的仕途十分顺利，最后也平安度过了晚年。她一生和五个男人结过婚，每次都是和前伴侣敌对阵营的男人恋爱这一点十分有趣。这不仅仅是性解放的一种体现，还可以说她冒着被当成叛徒的危险，选择了恋爱上的"变节"。

慧珍　当年日本帝国主义散播着"社会主义者在性生活上非常混乱""社会主义者像共享财产一般共享妻子"的谣言，给大众灌输社会主义者的负面形象。在这种条件下，许贞淑更不该被评价为与数名男人有过复杂恋爱关系的淫乱女性，而应该被赋予"女性主动选择恋爱关系，等同于主动选择政治立场"的意义，这种意义上的转换也是为了对抗当时的舆论。

允玉　许贞淑非常坚定地认为，女性如果想获得真正的独立，就必须先做到经济的独立。许贞淑自己就是记者，也曾建议朱世竹摆脱"主妇"的角色，拥有自己的工作。

慧珍　记者是革命家偏爱的工作，他们拥有的情报与人脉是革命的资源。许贞淑选择做一名记者，虽然也有经济上的考虑，但必然也因为这份工作既可以隐藏自己革命家的身份，又能继续为革命活动做贡献。朱世竹的"主妇"身份其实还有另一种理解的空间。当时的女性革命家们并没有革命家的身份，更多地被看成假夫妻[1]中的妻子，也就是"主妇"，人们认为她们的工作仅仅是维护秘密据点，照料革命者的生活。

还有一种说法，认为当时和男性革命者伪装夫妻的女性被所谓的"同志之爱"蒙骗，都是遭到男性革命家性榨取的牺牲者，这种解读应该也有其真实性吧。但是，这种解读将进行社会主义运动的那些假夫妻过度矮化了，最重要的是，完全抹去了想要通过扮演假夫妻来参与革命的女性作为独立个体的选择。实际上，当代女性也经常通过与男性结婚来获得自己在某个运动版图中的地位和影响力。

我希望强调的是，是"真正"的革命家，还是仅仅是假夫妻的一员，这种诘问是只针对女性革命家的，是"女性无法成为政治理念的主体"这个固有观念的产物。但这种怀疑从来不会在男性革命家身上发生。日据时期朝鲜半岛著名的男性文学评论家金基镇在杂志《新女性》1924年11月号上曾这样写道："大体上，女人是一种和国粹主义

---

1 日据时期，朝鲜半岛的共产党人为躲避日本警察的监视，经常伪装成夫妻，方便潜伏和活动。

者在一起就变成国粹主义者，和共产主义者在一起就会变成共产主义者的人。"但最近，女性主义研究者张瑛恩认为，金基镇的这句话应该这样改写："女性是民族主义者，所以和民族主义者在一起；是社会主义者，所以和社会主义者在一起。"[1]

革命的性别，性别的革命

希定　慧珍老师曾说，《三个女人》讨论了"革命的性别，性别的革命"这一命题，可以请您展开解释下吗？

慧珍　这本书将女性革命家的叙事全面化，通过否定"革命是男性的专属"，质疑"革命的性别"；同时指出，要想成为女性革命家，就必须超越传统的性别角色，证明了"女性也可以成为理念与运动的主体"，做到了"性别的革命"。书中用"比起在大街上几个人一起喊出'万岁'，在家中独自喊出'万岁'更难"描写她们违背父母孤身前往异乡的壮阔第一步；"如果做饭洗衣就是交给女人的革命任务，那我拒绝"等对女性心声的明确描写，也是现有的以男性

1　张瑛恩，《假夫妻和主妇：女性社会主义者的恋爱与位置》，《大同文化研究》第 64 号，成均馆大学东亚学术院，2008 年刊。

为中心的革命家叙事中未曾出现过的。结论就是，想要以女性革命家的身份在朝鲜半岛立足求生，就既要明确"革命的性别"，又要实践"性别的革命"。

希定 许贞淑在林元根入狱后就和他离婚，与其他男性结合，而朱世竹则一直等待朴宪永。读到这里时我心想，所以许贞淑才被称为"朝鲜半岛的柯伦泰[1]"，而朱世竹没有啊。朱世竹是一位革命家，但她可能并不是女性主义者。

慧珍 这三位女性的社会地位或经济条件都不同，很难进行简单的比较。许贞淑能动用丰富的人脉和物质资源，还是得益于她的父亲，也就是社会运动风云人物、德高望重的大律师许宪。因此，我们应该稍微转换一下思路，比起"谁是女性主义者"，关注她们在各自的位置上做出了哪些选择，才更有现实意义。

　　朱世竹不仅是某个恋爱剧本中的忠贞恋人，她也曾和许贞淑一起在朝鲜女性同友会[2]活动。查看朴宪永被捕后的受审记录可知，朱世竹的身份不被大众所熟知是有原因的。

1　柯伦泰（Alexandra Kollontai，1872—1952），俄国共产主义革命者，女性主义者，其所著《红色之爱》在朝鲜半岛被奉为"自由恋爱教科书"，引发众多争论。许贞淑将柯伦泰的思想介绍到朝鲜半岛，自己也与多位男性结婚、离婚、生子，因此被称为"朝鲜半岛的柯伦泰"。

2　1924年朝鲜半岛的社会主义女性革命家在首尔建立的女性团体，致力于推动女性解放。（译者注）

高丽共产青年会[1]的会议记录显示,朱世竹是第二线候补委员,当日本警察拿着会议记录问"上面写着朱世竹参加了你们的会议,这是事实吗",朴宪永回答"绝对没有这回事,我家里只有一个房间,朱世竹进进出出,是为了准备晚餐,并没有参加会议"。警察又问"朱世竹如何看待你的共产主义理想",朴宪永回答"她的受教育程度很低,不明白什么是共产主义,对其他的思想运动也毫无兴趣"。警察也审问了朱世竹同样的内容,她也回"我只是准备饭菜,做一些主妇分内的事情,没参加过什么集会"。只参考受审记录的话,很难看到朱世竹作为革命家的能动性。但最近有研究者认为,不能从表面解读这两次审问的内容——隐藏女性革命家的身份,可能是协商好的战略。朴宪永认为只有在供述中减弱朱世竹参与革命的程度,才能减少朱世竹的刑量,获得尽快释放。朱世竹也同意了这种战略。

允玉　在之前的研究中没有正面考虑过这种可能性吗?

慧珍　是的。当时的新闻媒体留下的图像资料,大部分是"在教导所前流泪的朱世竹""即将临盆却仍与朴宪永一起登船的朱世竹",却并没有展示她作为革命家的政治地位和战略眼光。

1　又称高丽共产青年同盟,1925 年由朴宪永和曹奉岩在首尔秘密创建。(编者注)

允玉　朱世竹应该是信仰坚定又深沉的人，她也把自己与朴宪永的关系视作同志间的结合，相信守护他们的关系就是守护信仰。后来，朱世竹当时的丈夫金丹冶遭到处决，她也被下放到哈萨克斯坦的集体农场，最终在那里去世。她的人生令人哀叹与悲伤。历史的重量在她一个人身上显现得太过残酷了。

希定　在其他同事都被肃清的政治巨浪中，许贞淑还能屹立不倒，她又是如何做到的呢？

慧珍　原因之一是金日成十分看重她的父亲许宪，也有人认为是她的女性身份让她逃过一劫。重要的是，她是如何稳固自己的政治地位的。许贞淑五次选择与不同阵营的男性结合，虽然这可能会被批为"滥交"或"变节"，但也是她表达自己不属于任何一个派别的方式，她认为这种状态对保障自己的政治安全是有效的。由此可知，女性革命家选择和什么样的男性结合，绝不能算作私人问题。就像朱世竹先和朴宪永结婚，后又与金丹冶再婚，她的婚姻也许会被解读为屈服于现状的不得已，但我认为，这是她守护自己革命生涯的方式，她的婚姻是一种主体性的选择。

允玉　这也可以反映出那个年代的女性参加革命的必要条

件，以及成为革命者后的人生轨迹。

慧珍　是的。也许有人会指摘"必须通过与男性结合才能进行革命吗"，但我认为，这种人生选择也是与武装斗争一样激烈的政治选择。当时的男性革命者总是理所当然地说"恋爱或结婚并不会妨碍革命"，而女性革命者则只有通过恋爱或结婚才能接触男性主导的公共事务。对女性革命者来说，恋爱、结婚、生子都是政治问题，她们的公私领域的划分必然与男性不同。

希定　许贞淑、朱世竹、高明子……我们也无法以今天的道德标准来评判生活在 20 世纪初的人，关于她们是否算作女权主义者这个问题也是如此。

慧珍　高明子在 1930 年被捕后，写转向书而获释。对于这段史实，《三个女人》采用的是日本当局为了追踪金丹冶才提前释放高明子的说法。解放 [1] 后，高明子留在吕运亨 [2] 身边，以此谋求自己的安全。从高明子的一生可以看出，后来"转向者"们的生活极具戏剧性和讽刺性，只不过这本小说对高明子的叙述比较温和。虽然她不得不写下转向

1　指 1945 年 8 月 15 日朝鲜半岛结束了长达 35 年的日本殖民统治。（译者注）
2　吕运亨（1886—1947），韩国独立运动家、政治家。（译者注）

书，但她内心并没有转向。至少我们可以确定的是，这本书的核心是一种过去完成时的回溯性假设——如果那时她们没有那样决定会如何。

希定 和大家交流的过程中我一直在想，确实很难用 21 世纪的观点对 20 世纪进行评价。

慧珍 是的。张瑛恩老师在《假夫妻和主妇：女性社会主义者的恋爱与位置》这篇论文中，也揭示了女性革命者恋爱或结婚的意义，她们在扮演假夫妻或担任主妇时发挥的主体性，以及由此获得的独属于女性革命者的斗争策略与生存方式，非常令人感动。我通过这篇论文学到的是，能决定人生是喜剧还是悲剧的只有女性自己。就像朱世竹的人生，表面看起来是悲剧，但这也是朱世竹能力范围内最好的选择了。因为她死在农场、无法见到女儿、没有被记录在历史中，就认定她的人生是悲剧，从某种程度上说，是一种傲慢。毕竟她们就是为了反抗这种被固化的解读，才如此度过一生的。

我们不是厂妹[1]，
我们是劳动者。

希定 接下来让我们聊聊露丝·巴勒克拉夫的《女工文学》。

允玉 20世纪80年代的工人运动贡献了一条著名口号："我们不是厂妹，我们是劳动者。"女性劳动者高举旗帜，对"厂妹"这种蔑称进行反抗。其实女工一词也带有某种和"厂妹"相似的语气，所以我比较好奇这本书一定要使用"女工"一词的原因。女工文学又是什么意思呢？

慧珍 在殖民地时期，女工意味着女性工厂劳动者。而这种宽泛的概念产生露骨的贬义，大约是在 20 世纪 60 年代至 70 年代。女工一词本身就是性别化的表达，因为之前没有出现"男工"这个词。而这本书所说的女工文学同时包含"关于女工的文学"和"女工书写的文学"两种含义，希望读者可以对"女工书写关于女工的文学"这一过程产生关注。同时，根据学者李惠铃老师的补充[2]，"弃用带有轻蔑语气的女工，改用女性劳动者，是 20 年代世纪 70 至 80

---

1 原文为"공순이"，是工厂的"工"和常见的女性名字"顺儿"组成的新造词，有对女工的蔑称。本书统一译为"厂妹"。
2 李惠铃，《女工文学及韩国工人阶级女性的夜晚》，《尚需学会》第 53 辑，尚需学会，2018 年刊。

年代的工人运动的成果"，但女性劳动者这个表述也不是最好的。虽然女工的范畴具有代表性，但考虑到该范畴之外还有大量从事照护工作或服务业等再生产劳动的女性，女工一词也只能指代身处具体的劳动环境（即工厂）、体验着特定文化结构的主体。

希定　不过，作者是澳大利亚的学者，为什么对韩国的女工文学感兴趣，我很好奇。

慧珍　作者曾在韩国工人运动最激烈的 20 世纪 80 年代首次来到韩国。那时富川的很多女性劳动者都主动学习俄语，来阅读陀思妥耶夫斯基等俄国文豪的作品，让她非常感动。

希定　本书的重点是在"劳学联合"[1]中形成的 20 世纪 70 年代至 80 年代的女工写作。作为这次运动的亲历者，林允玉老师在读这本书时有什么感受？

允玉　当时我在富平女性劳动者第四工团工作，我是伪造身份证件进的工厂，但伪造身份证件的不仅仅是投身工人运动的学生。记得有个女孩只有十五岁，不到合法务工年

1　20 世纪 80 年代,韩国投身工人运动的学生伪造身份后进入工厂务工,接触工人,了解劳动现场。这些人被称为"学生出身的劳动者",即"学出","劳学联合"即工人运动与学生运动的结合。

龄，所以用了姐姐的证件找工作。吃不上饭，活不下去，小小年纪就出来干活的大有人在，这让我十分震惊。那时劳动者会中有写作社团，虽然讲述自己的故事总是很羞耻，但社员们就这样聚在一起，用写作的方式相互鼓舞。有很多文章都是这样的叙事："我出生于忠清南道瑞山市，家里兄弟姐妹几名，我在家里排行老几，因为什么进入工厂工作。现在作为劳动者很自豪，愉快地过着工厂生活。"那段时间正值社会科学类书籍的出版热潮，我也是在进入工厂之前，阅读了很多记载工人运动的书，也以工人运动为主题撰写了学士论文。我思考的是当时韩国社会蔓延的针对女性劳动者的双重标准。进入工厂前，我花了六个月学习技术，并通过阅读手记和实地观察，了解到一线工人的生活样貌。当时的劳动者写作都彰显出非常强烈的主体性。

希定　但比起当时女性劳动者的生活，《女工文学》更关注她们是如何讲故事的，所以老师您的经验和这本书的内容有些不同。

允玉　这本书的焦点是女性劳动者的性别意识（sexuality），以及女性劳动者是否暴露在性别暴力中。我在以女性劳动者身份生活的时候，比起这种问题，更关注的是自己的阶级性觉醒。我当时的月薪只有 12 万韩元，但房租就得 5 万韩元，剩下的钱还要寄回家里。每天下午 5 点下班后，去夜校上课，周末就去道峰山玩耍。那时候没什么像样的休闲方式，就是大家聚在一起做饭，吃饭，去山里野餐，这些不用花钱的事就是休闲。纵然生活如此贫乏，我也见过很多决心好好生活、充满主体性的女性劳动者。就是那段时间我发现，我在学校成绩好只是一个偶然，并不是因为我的资质很优秀。我见过太多工厂里的朋友，她们不仅活得很精彩，也在努力解读生活。所以在我看来，这本书是在用受害者的口吻讲述女性劳动者的梦想、希望、未来，让我有些不舒服。

希定　确实会有这种感觉呢。这本书具体讲了哪些内容呢？

慧珍　目前以女性劳动者为对象的研究，总是带有粗暴的目的导向，在既有的劳动史和文学史中展开——原本贫穷而善良的民众，因某个契机对自己作为劳动者的主体性觉醒了，最终投身于工人运动。只有女性劳动者成长为工人运动的主体，才能被赋予有意义的历史主体身份，但《女工文学》作者的首要目标就是远离这种目的导向的叙事，她不想将女性劳动者局限于工人运动或劳动文学的大概念中。这本书并没有戏剧性地展现女性劳动者在自主激发和唤醒主体性意识后认知转移的瞬间，更没有展开叙述当时波澜壮阔的工人运动史，只是在集中解读女工的文学体验和内在。如此一来，女工文学总是被当作展现韩国文学史中韩国文学支配性倾向的例子。最近，韩国文学界意识到了韩国文学"非变性人－非残疾人－异性恋者－知识分子－男性"的主流逻辑倾向，很多研究者跃跃欲试，希望研究主流之外的"从下至上的文学史"。当年女工的文章也成了"女工也是文学主体"的有力证据。但是，这些研究者也不过是想通过发掘、制度化其他文学，对抗主流文学，这是需要警惕的。如果女工文学只有在成为某种"反抗叙事"时才有意义，这种想法也是一种他者化。作者相信，女工文学并不关心自己会为韩国文学史的"领土扩张"做出什么贡献。本书在讨论"讲述自己的故事，对女工和当时的社会有何种意义"后，便得出了"女工文学是带着工业化时代烙印的群体的报告和文化存档（archive）"这一结论。

允玉　为什么这种研究会是一位外国人做出的呢？如果是韩国研究者的话，应该可以进行更深度的研究。

慧珍　研究者的国籍并不重要。韩国人更了解韩国的劳动史和女性史——这种想法是不是也是一种偏见呢？重要的是研究的视点吧。当然，韩国的研究者也进行了很多研究，这本书本身就可以看作是继承与更新国内研究的结果。

女工文化和性政治

慧珍 20 世纪初年，朝鲜半岛的日本殖民地开始出现工厂和工厂劳动者，报纸等新闻媒体的宣传，让女工这一群体第一次出现在公众视野。女工第二次受到关注，是在 20世纪 70 年代至 80 年代。两个受到关注的时期，都有工人运动爆发。同时，随着社会主义运动的扩散，进行无产阶级艺术创作的团体"卡普"（KAPF）[1] 诞生了。这个时期的无产阶级文学，强调女性劳动者遭受的苦难、唤醒大众的阶级意识的目的性十分强烈，所以这些作品对女性劳动者的悲惨遭遇、难以想象的贫穷进行了极具刺激性的描写。"无产阶级文学"是韩国文学首次对女工文学赋予的文学意义，这一点是值得纪念的。但值得推敲的是，这一时期的女工叙事究竟在为什么群体服务。事实上，在这个女性文盲率极高的时期，无产阶级文学的读者仍以男性知识分子为主。

希定 当时的女工，就像在民族运动或阶级运动中"消失的中介"。

慧珍 但是，在男性知识分子主导的创作习惯中，女工发

---

1 全称为朝鲜无产阶级艺术联盟（Korea Artista Proleta Federatio），成立于 1925 年。

出自己声音的意志仍然存在。能够写作的女工会向杂志或报纸投稿，不会写作的人也用其他方式记录和解读自己的存在。

允玉　书里提到，当时朝鲜半岛女性劳动者的工资是同时期日本男性劳动者工资的 1/4。现在女性非正式员工的工资也只有男性正式员工的 38%。这种情况下，再加上性骚扰……

希定　从本书中看，20 世纪 20 年代至 30 年代女工罢工的一个重要原因就是充斥工厂的性骚扰。作者分析，性骚扰是在资本家的授意下实行的一种经营战略。通过性骚扰，挑拨女性劳动者之间的关系，诱导她们相互猜忌告密，从内部瓦解原本团结的集体。

慧珍　《女工文学》的副标题是"性别意识，暴力，以及再现的问题"。女工们的手记中有很多对性骚扰、性暴力、恋爱等问题的暗示，但有关女工群体的研究几乎从未把女性劳动者的性别意识当成重要的问题。

允玉　这本书在描写工厂内的性暴力时，经常用到"模糊性"一词——因为女性劳动者不仅是性暴力的受害者，也是共犯。

希定　是"被强迫的性共犯"。

允玉　我工作过的工厂里也有这样的事情。流水线的管理者是男性，组长是女性，大约 30 名工人，都是女性。流水线上的工作也分轻松和困难。男性管理者可以分给自己喜欢的女性劳动者轻松一点的工作，或在晚上请客吃饭，建立亲密关系。如果一个劳动者和管理者走得近，那么同事们为了建立工会，秘密集会的时候就会把那个人排除在外。在这种情况下，为了做一些轻松的工作，也有劳动者选择和管理者合作，成为"共犯"。但这种事情也在工人运动进行的过程中逐渐消失了。

慧珍　从"被强迫的性共犯"这个表达中可以读出作者的苦心，作者是不想把女性劳动者描绘成单纯的暴力受害者吧？如果说有管理者试图进行性支配，那么也有女性劳动者将之化为己用，制定战略。作者正是为了不忽略这种情况，才用了"模糊性"或"被强迫的性共犯"等严格的表述。

希定　姜敬爱的小说《人间问题》[1] 就仔细分析了这个问题啊。

1　朝鲜半岛著名女作家姜敬爱的代表作，展现了朝鲜半岛的女性劳动者在反抗压迫的过程中主体意识逐渐觉醒和成熟的过程。（译者注）

慧珍　在殖民地时期的劳动叙事中，大部分女性劳动者都是从男性那里得到思想上启蒙的。男性的位置转换，促使女性劳动者意识觉醒，建立劳动团体，制订指导罢工的计划。《女工文学》的作者认为，姜敬爱在描写工厂中的性骚扰事件时，并没有将女性刻画为单方面的牺牲者，而是细腻地描写了工厂内既存的"性政治"的运行机制，十分卓越。

文学少女、女工们的恋爱与劳动者之夜

慧珍　女工们对知识和写作的渴望所产生的政治可能性，是贯通这本书的主题之一，也是雅克·朗西埃的著作《无产阶级之夜》[1] 被广泛传播的原因。劳动者们白天进行苦重的劳作，晚上连睡眠的时间都不够，但还会聚在一起读书、写作，写的正是自己的故事，因为他们并不满意自己一直以来在社会性叙事中被强加的角色。20 世纪 70 年代至 80 年代劳动者的文学创作只为发出自己的声音，这也史无前例地受到普罗大众的追捧。

1　法国政治哲学家雅克·朗西埃于 1981 年发表的论文，强调劳动者政治的内在与感性。一般来说，劳动者白天要劳动，晚上应该有充足的睡眠。但劳动者却在应该休息的夜晚写诗、作文，满足自己哲学和艺术上的创作欲望。这种追求知性平等的劳动者进行的民主政治实践被朗西埃描写为"无产阶级之夜"。

允玉　那时的读书小组真的非常多。对劳动者来说，只有在大众视野中被舆论化，自己的人生才能获得社会性，所以读书写作至关重要。市民争取公民权利的思路也是如此。在实践工人运动前，读书写作是工人彰显自己主体性的关键动作。

希定　女工自己叙述的女工生活，和职业作家的创作相比，有哪些不同呢？

慧珍　女性劳动者的写作也分很多种。有的只是想写自己的故事，也有人从小就是"文学少女"，以后想做职业作家。文化研究者千正焕的论文《民众（subaltern）可以写作吗》中，就关注到了金镇淑[1]与申京淑[2]两位作家既是女工也是文学少女这一点。她们既读工人手记，也读抒情诗。纺织女工石正南在1976年的手记中这样写道："阅读世界文学，那些作家像闪烁在天空的星星。为什么我却像猪一样生活？"由此可知，劳动者在心理上不得不持续遭受当

1　金镇淑，工人文学代表性作家，曾是大韩造船公司唯一的"少女电焊工"，此后多次参与抗议资本家的运动，是韩国工人运动中的标志性人物。出版回忆录《盐花树》。

2　申京淑，韩国当代小说家。初中毕业后进入首尔一家电器厂当女工，依靠下班后就读于夜校考上首尔艺术大学的文学创作系，自此踏上文学创作之路，出版了数部作品并获得过不少文学奖。

时的智识阶级或权威的冲击。《女工文学》则强调，殖民
地时期关于女工的作品大多是男性作家、知识分子创作的，
是"被想象出来的民众"，而 20 世纪 70 年代至 80 年代的
劳动文学作家真的都是无产阶级。由此看来，女工亲手把
自己的经历写成文章，绝对具有相当大的历史意义。

允玉　在农村，各家互相知根知底，女儿们的举止都关乎
家庭的颜面，不能做出格的事。来到城市后，她们的姓名
不再和家庭绑定，这带来了巨大的解放感。来到城市、进
入工厂工作的年轻女性真的十分热烈地追求着自己的生
活。既要工作，也要学习，还要玩耍……当时工会运动兴
起的动力之一，就是这些女性劳动者的主体性。

慧珍　《女工文学》还重点展现了女工们的恋爱。当时女
工很喜欢读像《苔丝》或简·奥斯汀的小说这样的浪漫文学，
又因"劳学联合"与其他阶级的男性相识；同样，通过伪
造身份进入工厂的大学生们也遇到了与自己分属不同阶级
的人，有了性质完全不同的人生体验。不同阶级的人的相
遇会触发怎样的想象力，也是这本书的关注点。作者指出，
女性劳动者与男性大学生的相遇，激发了她们对恋爱的想
象，但这些浪漫史大多以悲剧结尾。作者分析，与不同阶
级的人约会是一个了解其他阶级、满足好奇心的机会。这
也是拥有 20 世纪 80 年代伤痛记忆的读者对这本书感到困

惑的原因。女工既无法遵循，也无法反抗社会为女性制定好的"性规范"。总之，《女工文学》认为，女工与大学生恋爱失败，是社会对女工的偏见，以及女工在被偏见规训后过度自我审查导致的。

作家申京淑的长篇小说《单人房》正是这个问题的最佳体现。小说中的希斋姐姐和主人公"我"，都是女工。她与某个人谈恋爱，书中没有提到对方的情况和恋爱的过程，但这场恋爱成为丑闻，她最后自杀了。"我"装作不知道希斋姐姐的恋情，间接协助了希斋姐姐自杀，从而陷入负罪感中。在《女工文学》的作者看来，《单人房》所描写的女工性别意识，以及她们的经历与内心世界并不典型。"我"与希斋姐姐的灵魂对话后才明白，世间对女工的种种偏见，是希斋姐姐一人说不尽的。《单人房》展现了当时社会对女性劳动者的偏见和拒绝解读这些偏见的女工的内心世界，被评价为"劳动文学史上最后的杰作"。

希定　希斋姐姐可能是作者的分身，也可能是普通女工的代表，她的死实在意味深长。

慧珍　书中有这样的桥段，曾经的同事给已经成为名作家的"我"打电话，诘难道："你成了作家，却担心女工的身份挡你的路，所以从来不写我们的故事，对吗？""我"曾以为女工的身份会成为作家履历上的污点，后来却因此获得了庄严的"文学市民权"，从这一点看，《单人房》成为话题作也是有理可循的。总之，《女工文学》的作者想强调的是，在 20 世纪 80 年代的韩国，只要作为劳动者觉醒，真正的自我就完整了。而事实上，女工们还有更多的表达自我的欲望，女工文学正是这一群体记录欲望的文学存档。《单人房》发表的 1995 年，韩国正处于重新认识 20 世纪80 年代的工人运动、急速向自由主义过渡的时期。大部分人虽然对当年献身民主化运动和工人运动的人有亏欠感，但也想尽快找到理由化解这种不适。这时，正好申京淑的《单人房》为这种清算愿望提供了"人证"性质的情感支持。通过希斋姐姐的自杀展露社会偏见对女工的冷暴力，而同时"我"也想辩解"默许"的不得已。《单人房》给普通读者提供了道德免责，成了谁都可以"安全"地阅读的大众叙事。在这个层面上，《单人房》虽然是"劳动文学史上最后的杰作"，也可以看作与劳动文学割席的作品。

慧珍　出版《单人房》的创作与批评出版社（以下简称"创批"）的经营轨迹也值得玩味。"创批"曾被看作进步文学的温床，创办"创批"的评论家白乐晴积极地为《单人房》冠上"劳动文学的杰作"的称号。但随着《单人房》成为畅销书，"创批"接连出版很多畅销书，占领了出版市场。因此也有人认为，"创批"是向自由主义市场体制投降了，才一手推动了对 20 世纪 80 年代劳动文学的再解读。对

《单人房》出版意义的夸大，也反映了"80 年代"象征的价值和资源逐渐贬值的时代风向。

斗胆想象"另一种人生"

希定 《单人房》后再无"劳动文学"一说，让我想起，在聊电视剧时我们也发现，最近电视中再现的女性劳动者职业类型趋向单一，几乎全是白领。

允玉 现在的韩国，比起团体性的劳动，从事碎片式的服务类劳动的女性数量是压倒性的，占全体女性劳动者的 70%。与方便组建活动团体进行罢工的 20 世纪 80 年代的产业环境也有很大不同。

希定 那么，今天的女性劳动者们的故事可以命名为什么文学呢？

慧珍 劳动文学，女性文学，青年文学，等等，都可以，但名字并不重要。更严重的问题是，现在即使写劳动者叙事，也不会被认为是劳动者的故事了。如今韩国文学中的青年主角，也有蓝领、白领范畴之外的多样身份，就像便利店小时工、快递员等。但值得警惕的是，这些小说开始有隐去"劳动文学"或"阶级文学"标签的倾向，作家自己也害怕被贴上这样的标签，读者也先验性地不想选择这个范围内的作品。对被阶级化的知识、被阶级化的叙事的接受度已经远不如从前那么高了。其实，与阶级无关的叙事并不存在，对其他阶级的好奇心渐渐消失的社会是非常危险的。无论现实中为了实现阶级跨越经历过多少次挫折，表达这种愿望的叙事仍是以信赖社会变革为前提的。

但是，人们近年开始粗暴地用"土汤匙""金汤匙"[1]等定义来区分阶级，认为努力奋斗是无用的。这样下去，人就不需要对人生抱有理想，只会认为自己所属的世界、自己理解并同感的圈层就是全部。最近常见的叙事中，独立运动家或社会革命家的形象并不拥有崇高价值观，也不是鲜明理想的主体，而被描绘成为温饱屈服的"生计型"斗士。这种叙事正体现了大众无法想象自己别样的人生，认为人类都是屈服于温饱的经济性动物，对人类与世界的关系的理解也充满漏洞。我希望这种社会氛围可以稍微改变，因此今天介绍了想象另一种人生、另一个世界的途径——《三个女人》和《女工文学》。

允玉　多年前，永登浦的一家纤维工厂的劳动者提出了"提

1　韩国年轻世代中流行的新造词，在好的家庭条件中长大的人是"金汤匙"，相反，"土汤匙"是指因父母条件不好而得不到经济帮助的人。

供 5 日生理期休假""免费提供棉花或医用纱布等生理期用品""提供 4 个月产假"等倡议，最终被接受了，但这在今天看来几乎是不可能的。当年提出这些要求的想象力都去哪儿了？

希定　那时争取到的政策，现在都消失到哪里去了呢？

允玉　当然，那时女性劳动者在工会的参与率比现在高了 5 倍左右，所以也不能单纯地将过去和现在拉至同一水平来做比较。总之，希望大家可以通过本期介绍的两本书，想象一下温饱并不是全部的"另一种人生"。

吴慧珍的后记

　　2019年1月，"三一运动"[1]迎来100周年，《京乡新闻》刊登了题目为"我是哪位独立运动家"的问卷，把读者带回100年前的"三一运动"时期。在完成类似"在'三一运动'开展前，你是什么样的人？请在以下选项①学生②独立运动家③为生计工作④知识分子中选择一个"的几个问题后，"与你选择的人生最接近的独立运动家"的照片就会出现。当看到自己的社会地位与政治倾向跟朴宪永、许宪、朱世竹等遥远而陌生的历史人物重合，确实会有轻微的冲击感。有趣的是，这个节目把可以称作民族主义者、社会主义者、无政府主义者、女性运动家等的人物，都表述为独立运动家。但"为共同的目标，他们选择了不同的道路"的叙述似乎太过以偏概全。总之，这个问卷栏目意在让大众明白，由理念、路线、党派等主导的革命运动，也有被偶然的、折中的机缘决定的时刻。比起以先验性的固定思维复盘和安排运动家的人生，以特定瞬间的选择为基点，进行戏剧化的解读，不也是表现"历史的历史化"特征的一个极其有趣的思考模型吗？所以，我们也来想象吧——未来的某一天，你所处的位置和身上发生的事，会留在以后的记录中吗？那会是什么样的故事？

1　1919年3月1日朝鲜半岛爆发的一次大规模的民族解放运动。在日本殖民当局的镇压政策下，迅速由和平示威转化为人民起义，席卷整个朝鲜半岛，1919年6月以失败告终。

当她的身体成为商品：

色情产业、整形贷款与女性贫困

嘉宾　金姝憙

　　持续关注"色情经济"与色情产业,以及女性贫困问题。凭借关于"售票咖啡馆"[1]的研究获得女性学硕士学位,曾在女性权益咨询中心一线工作四年。

　　2015年,凭借关于色情产业金融化的论文获得女性学博士学位,之后作为研究教授就职于西江大学。所著论文《韩国色情产业"负债关系"的政治经济学》获第三届韩国女性学会学术论文奖。

　　与他人共著《为了更好地争论的权利》《性的政治,性的权利》等。

1　20世纪90年代后韩国兴起的一种依托于咖啡馆／茶室的软色情服务业。其形式是客人通过买票的形式购买女服务员的时间,让她们提供任何服务包括性服务,也可以点外卖。女服务员会骑着摩托车把咖啡送到下单男性的寓所。如今在一些韩剧如《超异能族》(2023)中还能看到对这一行业服务者的再现。(编者注)

引 言

希定　本期的主题非常有趣，但也比较严肃和艰涩——女性性工作者的整形贷款与女性负债问题。我们曾聊过"女子偶像团体是极限职业"等话题，让我们不由思考女性成为"形象商品"的原因。既然提到女性身体的商品化，就不得不提到色情产业。有这样一篇文章，将色情产业和高利贷、整形产业联系在一起，研究钱是如何在成为商品的女性身体上流转的。[1] 今天我们邀请到了这篇文章的作者，金姝熺老师。

与色情产业本身相比，
让女性贫穷的结构是更大的怪物

姝熺　这也许是大家都在思考的问题。韩国社会有种把女性的劳动随便性爱化的文化。屡见不鲜的例子就是，节目开始前我们也聊到了，年轻女性在便利店打工时，总会遇到突然提出"要不要和我睡一次"的男性。

1　金姝熺，《韩国色情产业"负债关系"的政治经济学》，《韩国女性学》31 卷 4 号，韩国女性学会，2015 年刊。

允玉　这是我女儿告诉我的。年轻女性晚上在便利店打工时，喝多了的大叔就会耍这种花招。我听到这件事非常震惊。男性不仅在色情服务场所把女性当作性对象，在从业者大部分是女性的服务业场所，居然也是这种心理。

姝熺　不仅如此，伪装成"打工"的色情产业模式也非常多。在网站搜索女性打工岗位时，高薪的搜索结果可以说100%都是色情产业场所。女性在找工作或遇到经济问题时，离她们最近的选择就是色情产业。我作为研究者开始关注色情产业是在2003年。那时，我想深入观察离家出走的十多岁女性的生活。真实的社会情况与大众的固有认知不同，有的家庭无法成为十多岁女性的安居之所，很多人只有逃离家庭才能活下去。这些人的家庭环境对我来说是非常重要的研究点，我和一些离家出走的青少年女性见面聊了聊。用现在的话说，她们都是"离家 fam"[1]的成员。离家出走后，建立自己的"家庭"，其中一两个人作为"家长"从事色情产业，养活其他成员。

允玉　是一种家庭角色分工吗？

1　"离家出走 family"的简称，指一起生活在出租屋、考试院、汽车旅馆等地的离家出走青少年团体。这是一种青少年的暗语。离家出走的青少年们主要通过网络社区或智能手机聊天应用联系，各自担任父亲、母亲、哥哥、妹妹等有层级的性别角色。

姝熺　更像通过劳动分工形成的经济共同体吧。千禧年后，有很多十多岁的女性在"售票咖啡馆"工作。去小城市一趟，真的能看到很多女孩骑着绑有咖啡保温瓶的摩托车来来往往。当时正是《青少年保护法》[1]的强化期，也是"弥阿里包青天"金康子[2]任职中央警察署长的时期，得益于此，"和十多岁的女性进行性交易是违法行为"的论调迅速在大众中传播开来。但讽刺的是，在那样的社会氛围下，在售票咖啡馆工作的十多岁的女性仍然非常多。后来我了解到，因为执法监管的强化，她们必须转移到监管还不成熟的地方，比如地方性城市。像星州这样的地方，是售票咖啡馆数量最多的城市，有时一条约200米长的工厂胡同里就有6所。

2006年到2009年，我在梨泰院基地村的女性服务组织处工作。那时的梨泰院已经失去作为美军基地村的辉煌了，它的辉煌期是20世纪70年代到90年代初期，21世纪初属于落后地区。当时，我遇到的女性都认为自己没能跟着美军去美国，只好留在这里。她们的年龄比较大，住

1　1997年7月1日起实行，包括禁止向青少年出售有害媒介和药品，禁止青少年出入有害营业场所等内容。这些规定以保护青少年远离有害的环境，让青少年健康成长为目标。后因部分规定未完善等因素，造成青少年保护的死角。为完善该部分条款，1999年7月1日起，《青少年保护法修正案》正式生效，并统一规定"未满19岁"为保护基准。

2　韩国历史上第一位女性中央警察署长。因带头严厉打击"弥阿里（位于今首尔城北区）得克萨斯村"等色情交易场所，得名"弥阿里包青天"。（编者注）

在梨泰院也很久了,最重要的是,她们很贫穷。我看着她们,产生了疑惑:女性在色情产业里赚来的钱,最后真的到了自己手中吗?

希定　您为什么会产生这种想法呢?

姝熺　这个疑问其实是从一个非常具体的场景中产生的。女性性工作者居住的地区本来就比较落后,总有天然气断供,或雨天漏水等问题。那时我每天都和她们相互问候,看看她们是否需要帮助。也不知是否因为她们不愿诉苦,一天,她们中的一位告诉我,"去年我赚了 3000 万呢",让我大吃一惊。对于当时的我来说,3000 万韩元真的是一大笔钱。我非常好奇,连水费都交不起的她们经手过的无数个 3000 万韩元都去哪里了?

希定　不过,稍等一下。在话题深入之前,有一点我们可以先解释清楚。韩国的女性主义学界内部关于色情产业应该称作"性劳动"还是"性贩卖"的争论非常激烈。老师您会选择哪种? 选择的原因又是什么呢?

姝熺　现今韩国有关色情产业的论调,仍然会从自由市场经济的角度出发。这种论调认为,如果去除色情产业的各种标签,揭露性保守主义的伪善,保障个人性交易的自由,那么性工作者遭受的歧视和不平等待遇就会消除。但是，在自由市场经济系统中，自由并不保障个人，只是一种生产并消费更多自由的统治手段。因此，通过对性交易的自由进行保障形成平等的性交易市场，只是一种幻想。我一直认为，对女性的标签和嫌恶都具有色情意味这一点，正是性交易市场存在的前提条件和特征。正因如此，去研究让女性不断进入色情业的下层结构非常重要，让女性变得贫穷，在贫穷的缓冲地带创造色情产业的国家和资本之间的勾结则是更大的问题。所以，对于在色情服务场所工作的女性，我更多使用"从事色情服务业的女性""在色情产业工作的女性"等记叙性的用语。

希定　比起带有政治立场的用语，您更偏好记叙情况的用语啊。

姝熺　其实这也算带有政治立场的用语。我认为，色情产业压榨女性，是将对女性的暴力变成资源的怪物，是总有一天一定要消灭的东西。只不过，在很多现实条件下，对于因选择有限不得不从事色情产业的女性，我们也该做到最大程度的尊重。我认为，韩国反对色情产业的大多数人都和我意见相似。当然，女性主义的语言时不时会与保守主义的语言重合，对待性的态度总会给人一种偏保守的感觉，因此也会像反对色情产业的言论一样招来谩骂。我长期身处一线，在与一些反色情产业运动人士的沟通中了解到，性保守主义者的语言与反色情产业支持者的语言性质是不同的。当然，他们的中心都是女性主义。

希定　让我们重新回到3000万韩元的话题上吧，那3000万韩元究竟去哪儿了？

姝熺　首先，我希望大家可以记住这一点：虽然有很多人不假思索地说"人类历史上最古老的职业就是卖春"，但各时代的经济条件和形式都非常不同。虽然很多人认为，韩国社会的落后和封建才使得色情产业猖獗，但事实并非如此。当今的女性主义者认为，近代以后的色情产业，即国家制度化后的色情产业是最罪恶的。

希定　原来色情产业不是脱离历史性的存在，而完全是历史性的形态啊。

姝熺　因此，社会制度与色情产业间的关系也是非常重要的主题。韩国在2004年制定了《色情产业特别法》[1]，朴正

1　2004年韩国政府颁布的对性交易活动或色情产业的组织者进行处罚的为《色情产业处罚法》，保护色情产业受害者的为《色情产业特别法》。

熙[1]政府时代也有过《沦落行为等防止法》等所谓的福利法案。从"沦落"这个词就可以看出，这是"把市民从堕落的女性身边救出的"法案。它绝对不是在试图解决女性所面临的问题，只是为了将色情产业限定在特定区域内加以管理，把女性驱赶到特定的区域孤立她们。在这个意义上，2004年制定的《色情产业特别法》非常重要。因为这是一部将性交易结构本身视为问题的法案，由长期在一线活动的女性主义活动家们提案、修改。因此，女性性工作者可以结构化的受害者身份发言。同时，这也是一部给因色情产业受害的女性提供社会福利支援的法案，颁布的时候，引起了社会的广泛关注，还积极推动了对色情服务场所和嫖娼者的管制。

希定　这部法案有对色情产业起到管束作用吗？

姝熺　它的问题就是并没有起到多大管束作用。当我们深入分析原因时，会发现社会经济结构中存在着很多让这个产业持续运转下去的要素，比如为女性提供贷款服务的信用卡贷款公司、第二金融圈[2]、各种各样的日结岗位，还有

1　朴正熙，韩国第5至第9届总统，总统任期为1963年至1979年，是韩国宪政史上执政时间最长的国家元首。

2　指除银行以外、为满足银行无法正常提供的专业金融需求诞生的金融机构。包括信用合作社、保险公司等。（编者注）

整形外科等各种医美产业。

希定　这都是些看上去和色情产业没有关系的产业啊。

姝熺　对。但刚才我们说的3000万韩元，正是通过女性的身体流向了这些地方。从《色情产业处罚法》的框架上来看，女性虽然是受害者，但从更宏观的视角来看，她们是金钱流转的媒介。在这样的情况下，即便部分女性脱离了色情产业，色情产业的根本问题也没得到解决，就是因为有这样一个把这些女性作为媒介、收取利息和手续费等收益的巨大市场存在。贫困女性可以从这些媒介中彻底脱身获得自由吗？我认为这是我们应该提出的主题。

允玉　色情服务场所往往还会成为资本与权力勾结的场所。这些地方通过贩卖女性劳动者的身体而维持运转，而女性的身体不仅仅是这种权力交易的媒介，也是这个产业内金钱流转的媒介。

姝熺　这不仅是《色情产业特别法》的局限性，也是其他所有政策的局限性。如果只把焦点放在最紧迫的问题上，就很难撼动与这个问题关联的其他更大的问题。

希定　听几位聊着，我想起2004年左右，一方面把十多岁的女性性对象化的韩国电影突然大批量登场，比如《我的小小新娘》[1]，或金基德导演的《撒玛利亚女孩》等；另一方面，在偶像团体文化中，性感的十多岁成员也开始出现。为什么这种现象从 21 世纪 10 年代中后期开始变多？是否随着色情产业的隐性化，女性性工作者的年龄层也开始降低呢？虽然这肯定也与人更轻易地被当作商品的新自由主义有关联。

姝熺　其实我并不认为色情产业隐性化了。主张隐性化，仅把色情产业进入居住区域视为问题，认为只要色情产业离开我的生活半径就没关系，这与性商品化的加速也有联系。此外，虽然《色情产业特别法》在过渡期没能起到作用，但随着其不断强化，至少十多岁的女性性工作者大幅减少了，大众也不断被普及了"与十多岁的女性进行性交易会被公开姓名、身败名裂"的意识。所以电影中增加了对十多岁女性的性再现，也可能是对消失事物的"乡愁"。

希定　搬到银幕上，倒是把禁止创作成欲望了。

姝熺　但即便如此，看到离家出走的十多岁女性的笔记本

1　影片讲述了一个二十四岁的男大学生受家族之命必须与一个十六岁的中学生结婚的故事。

上记录的数百名顾客就知道，冒着危险也要满足这种被禁止的欲望的男性依然有很多。

名为"自我投资"的整形贷款

希定　让我们重新回到3000万韩元的话题，"整形贷款"就是第一个关键词。

姝熺　是的。人们总会这样评价女性性工作者："明明什么都不懂，只要出卖身体就能赚到钱，活得真舒服。"这种评价中包含着"我们累死累活，而你们这种人却活得很轻松"的否定偏见。但实际上，并不是只要拥有天生的身体资源，就能"贩卖"出去。她们需要对自己的身体和外形不断进行再加工，直到打造出可以引起幻想的形象。所以她们需要整形、减肥和化妆。也就是说，女性性工作者并没有在贩卖自然形态的身体，她们也在贩卖自己"购买"来的身体。"购买"身体需要花钱，就会产生一定的"创业基金"。所以，色情产业并不是让女性零成本赚钱的行业，而是一种需要"女性化再生产"的产业。

允玉　女性需要打造能够在这个市场热销的身体？

姝熺　是的。只有经历"女性化再生产"，才能成为商品。有些情况下，她们还需要学习特定的技术，比如按摩技术，都要交学费。2004 年《色情产业特别法》制订的重要契机，就是当年的一起发生在组织卖淫嫖娼活动的群租屋的火灾。历史上，这种群租屋总是火灾不断，每次都有很多女性死亡，因为她们都是被监禁在里面的。女性一旦跨入这个领域，那些"创业基金"就成了债务，而这些债务，又被义务化为自我投资的费用，在还清之前，她们都要被关在一起。

允玉　相当于色情行业服务场所中的预付金，是吧？

姝熺　预付金只是"创业基金"的一部分。老板把女性性工作者入行时借给她们的钱称作预付金，但在后来颁布的相关法律中，这类预付金被认定无效且无需偿还。随之发生了什么呢？服务场所的老板们开始给这笔钱安上其他名头。他们不直接借给女性性工作者，而是和一些金融企业合作，由高利贷、金融公司借钱给她们，因为高利贷借出的钱是需要加倍还的。但由于这些女性没有信用额度，需要一个担保中介。这些老板会告诉放贷的一方："这个女人将来要干这一行，是只会下黄金蛋的天鹅。"女性从事色情产业这件事本身居然能在金融市场成为信用依据。

允玉　如果说之前在用铁窗拘禁女性，现在就是用找担保欠下的债，服务场所的老板仍然是债主，女性还是无法脱身啊。

姝熹　是的。如果超过应还时间，哪怕只超过了 10 分钟，也要多还 30 万韩元，或是被强卖高价"营业服装"，这种情况以前也很常见。但现在不是和服务场所的老板，而是与金融公司建立债务关系，所以女性感觉自己比之前自由多了。最重要的是，没有了一直留在这个服务场所的必要。就这样，在《色情产业特别法》颁布后，为避开法网，各种各样的金融公司、贷款公司进入色情产业，创造了让女性性工作者感到"自由"的环境。重要的是，色情产业内部也提高了一些对女性的待遇。要是总欺负作为唯一收入来源的女性，生意也是很难维持的嘛。这些老板已经不会没完没了地行使语言或身体上的暴力了，反而用上了看不见的枷锁。可以说，如今声称已经完成"信用民主化"的韩国社会正是让色情产业繁荣昌盛的靠山。

希定　贫困的女性想要脱离困境，离她最近的选择就是色情产业，为了进入色情产业，则需要进行"女性化再生产"，其方式之一就是整形，然后就会被困在整形贷款中。但也不是所有人都必须进行这种高投资吧？

207

姝熺　在色情服务场所中，无论多么漂亮的女性，都会认为自己长得不好看，她们总是被责骂，因为这些服务场所会对她们持续进行"价格打压"——"你又不是最好看的，得到这样的待遇很正常"。在这样的打压之下，一方面，女性会产生"如果我变得更漂亮的话，待遇也会变高"的幻想，持续地在自己的身体上投入更多钱。另一方面，服务场所的老板也会一直要求女性花钱，因为他们和整形外科、高利贷相互勾结，把女性介绍到整形外科或贷款公司，他们是有手续费的。江南整形外科最大的客户群体就是在江南工作的女性性工作者，她们一直经受着贷款的诱惑，同时耳边"你长得很丑，要修修这里，动动那里"的咒语也不会停止。

允玉　放贷企业和整形外科、服务场所之间存在着勾结的关系啊。

姝熺　是的。整形外科也有市场部门，专门和贷款公司勾结，这一点已经被新闻无数次证实过了。

允玉　真是庞大的产业链啊。前面您说到的，女性性工作者被迫进行的"女性化再生产"策略，与整形产业、贷款产业环环相扣，其连接点就是女性的身体。

妹熺　所以，"成为女性"的命令造就了这个时代收益最高的产业。在这个"自我投资"的命令下，女性付出极大的努力，这种努力也被看成"成为女性"的一环，而且"成为女性"也被和"成为服务场所的女性"联系在一起。服务场所的经理还把这种费用称作"通关费用"（free pass），他们会说"你只要稍微整整这里，就绝对能成为我们的头牌"，所以女性一开始都抱着"赚够 6 个月的生活费我就出去"的想法进入这个行业，但实际上根本出不去的。

希定　虽然说起来是自己选择的，但其实哪有那么简单。那么，在色情服务场所成为头牌意味着什么呢？

妹熺　其实 choice 的瞬间就在赋了头牌身份。

希定　是选择的那个 choice（指名）吗？

妹熺　是的。不存在没有 choice 的服务场所，色情产业=choice。女性只有被指名，才可以进入有客人的房间，才能赚到钱，所以被指名非常重要。没有被指名或被客人侮辱外貌的话，就会产生"我一定要整形后再回来"的不甘。但也不是只要漂亮就会被选择，外貌还存在着流行趋势，所以，她们时时刻刻经历着他人对自己外貌的主观评判，这种等待选择的状态在她们的日常中持续着。最近在色情服务场所工作的女性都越来越漂亮了，这都是要不断投入金钱的，钱的循环也会因此加速——做了整形后也不会马上变漂亮，还需要恢复期；恢复期也需要生活费嘛，那么就又需要借贷；就算恢复期结束就马上回去工作，之前的经理如果转到其他部门，短期内也无法接到工作。像这样的变数太多太多了，所以她们的债就还得越来越慢。在这种状态下，她们又会借其他贷来还眼前最急的债，债生债的循环就开始了。

允玉　虽然计划在 6 个月内赚够钱离开，但在这种身不由己的系统中，女性性工作者纵然赚到 3000 万韩元的巨款，钱也会经由她们身体流向其他地方啊。

姝熺　所以现在的色情产业已经和从前截然不同了。现在的老板不会把性工作者关起来，性工作者也感到似乎比之前更自由，实际上，这是因为她们支配钱的机会变多了，进而觉得自己成了能做主的经济主体。但重要的是，这种"自由"环境其实是超前消费习惯扩张带来的缝隙。我们买房买车的钱，其实也都是信用额度提供的。

希定　贷款人生。

姝熺　与从前提供贷款的方式不同，现在女性靠自己的身体维持金钱流通的速度。流通的速度如果与赚钱的速度相符，倒也没有问题，但流通与赚钱两个环节的位置会在某个瞬间开始逆转，就像身体不舒服的时候，患上重度抑郁症的时候，或者就是不想工作的时候，这两个环节就会产生矛盾，难以承受的债务就会随着飞速滚动的利息产生；同时，被追债的时候，女性经受的威胁强度是更高的。她们已经在被打上标签的行业工作，只要用"○○家的女儿在○○工作"这种话术就能持续折磨她们。一遭受这种威胁，想不拆东墙补西墙都难。

允玉　和边永柱导演的电影《火车》[1]很相似。

姝熺　对。和电影中一样，现实中查无此人的女性也非常多。有很多女性10年里从来没有以自己的名义去过医院和开通手机服务。

希定　那么，其实3000万韩元并不是经由女性的身体溜走了，而是在女性的身体中进行循环，不停地钱生钱?

1　改编自日本社会派推理小说家宫部美雪的小说《火车》。男主角文浩（李善均饰）结婚前一个月，和未婚妻善英（金敏喜饰）在开车回父母家的路上进入服务区休息。在文浩买咖啡的时候，善英消失得无影无踪。电影以追寻善英背后故事的文浩视角展开，善英因无法摆脱讨债人而杀人，不得不顶替自己杀害的人的身份生活。

姝熺　　也可以这么认为。而且现在贷款很容易，她们就更难从这个循环里挣脱出来了。

希定　　怎么说呢，女性的身体在不停地创造金钱？比起机器，更像一种资源。

姝熺　　其实女性的身体被当作资源的历史很悠久。比如，过去就有"只要有小姐就可以开工"的说法。2004年我研究"售票咖啡馆"的时候也是这样，我问老板"谁会来这种穷乡僻壤呢"，老板回答"只要有小姐就可以了，没有小姐才是问题"。只不过，近年和过去的差异在于女性的债权成了可以交易的商品。在这个层面，女性性工作者不仅仅通过工作本身，也通过借据和债权提高了收入，成为获得双重收入的人。但除了收入，还有很多其他手段将这些女性引诱进色情产业中。

希定　　也可以说是不断地把女性拉入色情产业的父权制的力量。

姝熺　　同时也是男性垄断经济权力的手段。职场常见的"会所文化"其实也是男性劳动者之间形成垄断集团的重要平台，他们在会所空间里分享情报，这个空间也是排除女性同事的一种象征性空间——"我们不与你们共享这样的资源"。

希定 "我们要去有女人的会所，你别跟着来。"

允玉 我从后辈那里听过一个生动的例子。后辈是会计师，做到企业中层，有段时间她一直在为了签下某个项目合同不断努力，结果签合同那天，与对方公司的职员一起吃晚饭时，她的一个男下属说"现在您该离开了吧"，她就离开了。最后那个项目就算在了男下属的头上。

姝熺 这是一个非常典型的例子，可见色情产业的规模比大家想象的要大很多。男性在其中构建自己的日常生活，也进行"成为真正的男人"的实践。在这个舞台上，男性拥有属于自己的资源与联盟，这也是我们应该更积极地用女性主义的问题意识讨论色情产业的一个重要原因。性暴力、厌女的核心中也有色情产业的问题，我认为色情产业正是一种依托性别歧视而生的暴力。当然，因为我与这些性工作者建立了比较亲近的关系，所以我认为并不能把她们单纯理解为无力的受害者。她们虽然过着地狱般的生活，但也会背叛男性，也会威胁老板以获利，就像我们在父权制社会中都拥有各自的生存战略。即便如此，色情产业的核心仍是交易施加在女性身上的暴力。

女性是被驱赶进贫困里

允玉　在节目最开始，您提到了色情产业与女性贫困的问题，这个问题好像应该受到更多的关注。

希定　有人认为，将色情产业与贫困联系在一起，会助长社会对女性的暴力偏见。所以"只有贫困的人才会选择从事色情产业"的叙事是不对的。

允玉　这个观点强调的是让女性变贫困的资本和产业结构，并不是进入色情行业工作的女性本身。

姝熺　其实在韩国，女性一直处于被驱赶进贫困的状态。韩国的女性"看起来不太贫困"这一点也值得注意。

希定　这是什么意思呢？

姝熺　第一，女性的贫困不被描述为贫困。比如，一位青年女性虽然一直处在贫困中，但即便她提出女性贫困的话题，也没有任何人会关注，但如果换成青年贫困，就会立刻得到关注。第二，女性具有必须打扮、照顾自己的性别角色。因此她们的贫困是非显性的，衣服干净又漂亮，也得常常面带笑容，如此一来便很难让人看到她们的不幸。

第三，社会有着贫困女性随时都可以进入色情产业解决生计的偏见，或抓住一个“有钱人”就可以完成阶级跨越的妄断。但问题不会这么轻易就得到解决。

允玉　“只要遇到个好男人，就可以解决所有问题。”

姝熺　正因为存在这种拿到一个“大赞助”就能过上好日子的幻想，女性贫困的问题才从没有被严肃对待过。我是这样认为的。

允玉　我在韩国女性劳动者会工作，所以也非常关注女性贫困和女性劳动权益保护。但我之前从未想过，女性贫困是社会结构性的问题，女性不正是因为拥有可以售卖的身体才贫困的吗?

希定　但本期我们都确认了这一点——女性的身体正是一种商品。

姝熺　我想针对近年逐渐浮出水面的贫困产业展开研究。贫困产业是把贫困的人聚集在一起，让他们更加贫困，以此来赚钱的产业，小额贷款公司就是其中的代表。这些公司给贫困的女性放贷，最终仍会通过利息获得收益。如果问为什么会给贫困女性贷款，因为勤俭节约、乖乖还钱也是女性的一种性别角色特征。社会上竟存在这种吸贫民的血、压榨已经榨无可榨的苦命人的行当，也让我想更深入地研究色情产业。其实，每次和女性性工作者见面，她们总会说"我这么受欢迎，也赚了这么多钱"，我一直认为那是她们在发牢骚或者吹牛，但当我深入调查后，才发现她们并没有说谎。之前我只是单纯地认为这些姐姐不太会理财，觉得她们只要把挣的钱都存起来别乱花不就行了——我们的世界就是这样，大家都把责任推给个人，但很多时候只凭个人的努力是无法解决问题的。这并不是个人的不幸，是女性与经济结构之间的问题。所以我认为需要对这种压榨女性，让女性不断变得贫穷的产业进行调查和研究。

允玉　为您加油！

希定　有什么对策吗？

姝熺　我现在应该还没有提出对策的能力。☺ 不过，为了至少能思索对策，我决定要勤加研究。也有很多女性团体非常关注这种问题，比如反色情产业人权运动团体 e-loom 就提出，对色情产业的法律制裁不应该只针对色情产业服务场所，也应该包含整形外科、放贷企业等。还有就是对女性性工作者的处罚条例，我认为应该改进。她们如果被处罚就要交罚金，为了交罚金就要再次进行交易，继续这种恶性循环。对女性性工作者的处罚办法，乃至是否应该将其归入刑事领域，都应该在社会上进行更广泛的讨论。

希定　听完您讲的内容，思绪更复杂了啊。色情产业与金融业、整形业之间的勾结非常坚固，勾结的链条的连接点正是女性的身体。这也许不仅仅是色情产业的问题，也是吸取女性劳动者的血汗来赚钱的男性中心型产业，乃至整个韩国社会的问题。

允玉　之前，当我听说一个人是江南的整形外科医生时，会觉得对方是非常体面的经济活动主体，但得知那之下的色情产业压榨链条后……该怎么说呢？

姝熺　外表体面的经济，原来与地下暗网紧密相连，地上地下这个界限，有时也是没有意义的。其实在这个循环里，黑钱就是白钱，白钱就是黑钱。

允玉　是的。我们应该跳出这个把女性性工作者特殊化的分离思考方式，我们要同心协力，倾听更多的故事，展开更多女性主义运动。感谢金姝熺老师，我们下期再见，谢谢您！

金姝熺的后记

　　2018 年末，一家网络硬盘公司的老板在公司数次击打一名男性职员脸部的视频被公开。随着此人平时的恶行被一一揭发，与他关联的"移动硬盘垄断集团"也引发了国民的关注。移动硬盘，过滤器，数码销毁企业之间的非法拍摄内容流通垄断链条，将无数女性的日常生活包装成"A片"流转，以此获得巨额收益的企业间的共犯关系被曝光。不知是否受到了此事件的影响，韩国广播通信委员会、科学技术情报通信部、法务部、文化体育观光部、女性家族部、国税厅、广播通信审议委员会等政府部门最近联合发布了关于加强"移动硬盘垄断集团"管制的对策。"移动硬盘垄断集团"等词的大众化也令人备受鼓舞。

　　女性如今经受的暴力，已不仅限于来自个体男性的加害，它还是容忍甚至鼓励这些行为的制度、产业、社会风气共同作用的结果。色情产业的问题也是一样的。容忍男性嫖娼的风气，正与鼓吹这是自然社会生活的色情产业垄断集团有关。比如，女性性工作者长期受到非法拍摄的侵扰，是受害者，但提供非法拍摄内容的网站却接受色情服务场所的资助。国家如果想解决色情产业问题，需要严格执行《色情产业特别法》，也需要多个政府部门的合力，女性主义者也绝不能把色情产业看作女性自由赚钱的领域，而要把它看作民众意志的对象化。换句话说，要警惕经济文化与政治领域的勾连，培养问题视角，这非常重要，只有这样，才能避免我们的生活全面陷入商品化之中。

Ⅲ.
再现与被再现的女性

"厉害的姐姐们":
从女性主义的象征，到被策划的超级英雄

韩影中"消失的母亲"与"复仇的女人":
《小姐》和《没有秘密》是女性电影吗？

游戏、网络色情与互联网"男性特质"

"厉害的姐姐们":

从女性主义的象征,到被策划的超级英雄

嘉宾　赵惠英

以女性主义视角,对电影、美术、游戏等多个领域展开批评活动。曾担任首尔国际女性电影节、首尔环境电影节等多个电影节的选片人,纪录片 3xFTM 的制作人。以论文《电影之死》获韩国中央大学尖端影像研究生院博士学位。

译作有《女性电影》等,与他人共著《少女们》《韩国纪录片电影的今天》《法国女性电影 120 年》等。

引 言

希定　本期想聊一聊"厉害的姐姐们"。

允玉　"厉害的姐姐们"？

希定　就是"拥有强烈个性的女性"。最近的电影中出现了很多不知该叫厉害姐姐还是女性英雄的强韧女性角色。比如《勇敢传说》中的梅莉达，《冰雪奇缘》中的艾莎，以及我非常喜欢的电影《饥饿游戏》[1]中的凯妮丝·艾伯丁等，可以看作是这种角色中的先行者。

希定　最近一两年，以《疯狂的麦克斯：狂暴之路》中的弗瑞奥萨为代表，还有很多值得关注的角色。在这种趋势下，《神奇女侠》上映了。今天我们就以神奇女侠这个角色为中心，讨论电影中的女性英雄。本期邀请到了我在女性电影评论领域最信赖的一位评论家，赵惠英老师。

惠英　大家好，我是赵惠英。

1　由美国作家苏珊·柯林斯的青少年科幻小说《饥饿游戏》系列改编而成的电影。不远的未来，北美洲出现了一个名为"帕纳姆"的独裁国家，每年该国家的十二个地区要各选出两名青年，参加厮杀至仅余一人存活的"生存真人秀"，并进行全国直播。主人公凯妮丝·艾伯丁参加了这场生存真人秀，因表现出色成为"明星"后，加入与独裁统治做斗争的叛军，成为"革命的符号"。凯妮丝·艾伯丁被评价为"好莱坞电影中少有的独特角色"，也是被女性主义者积极分析的 21 世纪女性英雄形象代表。

总是出现危机时才想起女人

允玉　今天要聊《神奇女侠》这部电影，所以我突击看完了。我们从哪里开始比较好？

惠英　首先，我们来看看《神奇女侠》在 2017 年上映前都经历了什么。现在好莱坞的大片市场，卖得最好的是什么？大家去电影院看过哪些好莱坞电影？

希定　《复仇者联盟》系列？

惠英　是的，"超级英雄"系列电影的人气非常高，其两大巨头品牌就是 DC 和漫威 [1]，前者出品了《正义联盟》系列，后者则出品了《复仇者联盟》系列。这些英雄已经在原作漫画中完成了角色开发，拥有固定粉丝群体，电影制作风

1　DC 漫画成立于 1934 年，商标 DC 来自人气系列"侦探漫画"（Detective Comics），旗下除了超人、蝙蝠侠、神奇女侠、绿灯侠、海王等正派角色，还有超人的宿敌莱克斯·卢瑟、蝙蝠侠的宿敌小丑等代表性恶人角色。目前作为华纳兄弟子公司的 DC 娱乐出版部门为媒体巨头华纳集团所属。

漫威漫画成立于 1939 年，初名时代漫画，1950 年更名为阿特拉斯漫画，1960 年后，以漫威漫画的品牌名站稳脚跟。2009 年被华特迪士尼公司收购，成为迪士尼的子公司。拥有钢铁侠、美国队长、蜘蛛侠、金刚狼、雷神等人气角色。《复仇者联盟》系列电影获得巨大成功，由此漫威掌握了超级英雄电影市场。

值得一提的是，蜘蛛侠这一角色形象在漫威被迪士尼收购前便已出售给索尼电影，而金刚狼被二十一世纪福克斯买下。因此，由迪士尼制作的漫威电影中，这两个角色不能出现。后来迪士尼与索尼签订了合作协议，蜘蛛侠也可以出现在《复仇者联盟》系列电影中。

险低，收益高。而且每个英雄都有各自作为主角的电影，也会出演其他角色作为主角的电影，形成了相互关联的"电影宇宙"（cinematic universe）。

允玉　这两个品牌都听说过，但我其实不太清楚名称的意义。

惠英　DC 和漫威都是历史悠久的美国漫画出版社，创立初期以价格低廉、情节有趣的漫画作品鼓舞了当时的美国读者。21 世纪初，华纳兄弟电影公司收购了 DC，迪士尼收购了漫威，它们的角色开始正式电影化。蝙蝠侠、超人、闪电侠等组成的正义联盟属于 DC；钢铁侠、雷神、绿巨人等组成的复仇者联盟属于漫威。与商业上一直很成功的《复仇者联盟》系列电影相比，《正义联盟》的粉丝就显得没那么多了，所以 DC 用《神奇女侠》下了一步险棋。《神奇女侠》的原著成书于 20 世纪 40 年代，并通过后来的电视剧改编积累了一定的人气，所以值得一试。

希定　总是出现危机时才想起女人。

惠英　也可能认为是最后放出的一张底牌吧。如果真的失败的话，也可以推脱说"因为是女性主角才失败的"。总之，《神奇女侠》经历了中途更换导演等曲折，最终由女性导演派蒂·杰金斯（Patty Jenkins）执导。也正因为这个导演，《神奇女侠》的意义被最大化地呈现了。更幸运的是，虽然这部电影在韩国没有那么受欢迎，但在美国确实获得了巨大的成功[1]。其实我在知道由派蒂·杰金斯担任导演后，就预料到这部电影的成品会很不错了。她本身就是很会拍电影的人。

允玉　除了《神奇女侠》，她还有哪些代表电影呢？

惠英　她执导了2004年引进韩国的《女魔头》[2]，由查理兹·塞隆主演，是一部讲述专门挑选男性杀害的女同性恋连环杀人犯的电影。电影由真实事件改编，这名连环杀人犯叫艾琳·乌尔诺斯（Aileen Wuornos）。

希定　看来这位导演很擅长与身材健美的女演员合作。特别是查理兹·塞隆为了还原电影中的杀人魔，进行了高强

1　《神奇女侠》仅在美国国内就创造了4亿美元的票房，是2017年美国国内票房榜第三名，世界票房榜第十名。盖尔·加朵仅凭借《神奇女侠》与《正义联盟》两部电影，登上2017年票房收入最高的演员榜第三名，位列票房最高的女演员榜首位。《神奇女侠》之后上映的《正义联盟》也登上美国国内票房榜第十名。

2　《女魔头》主角原型艾琳·乌尔诺斯在1989年犯下第一起杀人案后，十个月间共杀害六名男性。在《疯狂的麦克斯：狂暴之路》中饰演弗瑞奥萨的查理兹·塞隆担任制片人和主演，精彩演绎了主角对同性恋人的执着和爱，以及由受害者转变为加害者后混乱的心理状态。查理兹·塞隆也凭借《女魔头》斩获2003年柏林国际电影节、奥斯卡奖项等众多电影奖项的最佳女主角。派蒂·杰金斯创作了这部电影的剧本，同时担任导演，凭借此片走上导演之路。

度的增肌锻炼，抛弃了所谓的"女演员的美貌"，全心全意投入剧本中。饰演"神奇女侠"的盖尔·加朵身材也非常健美。

惠英　这位导演非常注重对女性角色的刻画，电影《神奇女侠》可以说是对最初的原作漫画极其忠实的再现。原作者威廉·马斯顿（William Marston）创作的神奇女侠其实是个女性主义者，但1947年原作者去世之后，由其他作者负责延续和完善整个系列的世界观。因此，在20世纪50年代重新开始连载的漫画中，神奇女侠成了男性角色的从属，她的身体不再那么有力，也失去了超能力，甚至失去了使用力量的意志和欲望。

希定　其实这也是20世纪40年代之后，好莱坞电影再现女性的主要形式。随着二战爆发，大量男性参军，前往欧洲，女性开始进入军需工厂，积极加入生产活动，这时的电影中也出现了很多积极活泼的职业女性形象。但二战结束后，美国政府为了给大量的退役士兵提供工作，就把女性都解雇了，同时强调"生育、照护、谦让"是女性的本分。所以20世纪50年代后，美国进入了一个非常保守的时代，那时电影的女性角色开始主张"只要遇到好男人，只要婚后做好全职主妇就是幸福"的态度。看来神奇女侠也是受到了这个大环境的影响啊。

惠英　从诞生到弱化，都能和时代背景联系起来。其实原作者威廉·马斯顿就支持妇女参政，他曾表示神奇女侠的原型就是引领英国妇女参政论者的埃米琳·潘克赫斯特[1]。因此可以说，神奇女侠从诞生起就是一个女性主义者。

惠英　派蒂·杰金斯把变质之前的神奇女侠复活了，但还是出现了两个差异：第一，原作的背景是二战，但电影改成了一战；第二，神奇女侠的恋人、美国男子崔佛在连载的原作中一直都有出现，但电影把崔佛写死了。我认为这两个设定都是出于女性主义的考虑。

希定　啊，这样吗？

惠英　首先，关于为何把背景移到一战时期，有许多相关分析。而我认为这个改编最大的因素应该是想要再现"妇女参政论者"。就像刚才说的，威廉·马斯顿也是妇女参

1　妇女参政论者指组织或参加英国 20 世纪初的妇女参政权运动的运动家们，埃米琳·潘克赫斯特是其中的领头人。运动开展初期，她选择了集会、宣传活动、涂鸦活动等和平且合法的方式，但未获得显著成效，之后转向斗争路线。1914年，第一次世界大战爆发，英国宣布参战，运动暂时中断。第一次世界大战后，英国政府公开表示"女性对战争有贡献功劳"，承认了女性的参政权。埃米琳·潘克赫斯特的斗争详细记录在她的自传《我的故事》（*My Own Story*）中。从 2015 年上映的电影《妇女参政论者》中，也可以了解到当时的妇女参政权运动。

政论者，他从埃米琳·潘克赫斯特身上获得了很多灵感。潘克赫斯特在伦敦的示威活动中被逮捕、戴着手铐的一幕对他影响颇深。在漫画中，唯一让神奇女侠力量失效的方法就是用铁链绑住她。另外，马斯顿是心理学学者，他还发明了相当于测谎仪前身的仪器。

希定　啊！所以被神奇女侠的真言套索捆住时就必须说真话，是吧？

惠英　有这种可能。马斯顿这个人也很特别，他有两位夫人，这两位夫人也都不是一般人。第一位夫人是有名的女性主义者伊丽莎白·马斯顿（Elizabeth Marston），他们既是夫妇，也是支持女性主义的同志，不仅一起参加争取妇女参政权的运动，还共同创作了神奇女侠这个形象。伊丽莎白对马斯顿影响很大，测谎仪也可以说是两人一起发明的。后来马斯顿遇到了奥利芙·伯恩（Olive Byrne），这位年轻女性也来自非常了不起的家庭。奥利芙母亲的姐姐是与山额夫人（Margaret Sanger）一起争取妊娠终止权和避孕权的早期节育运动代表人物埃塞尔·伯恩（Ethel Byrne）。

希定　不过，曾有两位夫人这件事不是很奇怪吗？

惠英　他们三个人生活在一起。

希定　啊！是一夫多妻制吗？

惠英　是的。马斯顿死后，伊丽莎白与奥利芙继续生活在一起。根据坊间传闻，伊丽莎白曾非常认真地阅读萨福[1]的作品。

希定　那么，伊丽莎白也有可能是双性恋者？

惠英　这种可能性非常高。在讲述威廉、伊丽莎白和奥利芙的一夫多妻制实践的传记电影《马斯顿博士与神奇女侠》（*Professor Marston & the Wonder Women*）中，伊丽莎白和奥利芙之间的爱情关系是非常明显的。总之，我认为伊丽莎白·马斯顿对神奇女侠这一女性主义者角色的诞生有着不容忽视的贡献。

允玉　伊丽莎白·马斯顿也算是一种隐藏人物（hidden figures）啊。

1　萨福（Sappho）是公元前6世纪的古希腊著名抒情诗人，出生于莱斯沃斯岛（Lesbos）。丈夫去世后，她将少女们聚集在这个岛上，教授她们音乐、舞蹈和诗歌。后来"莱斯沃斯岛的人"（Lesbian）便成为指代女同性恋者的用语。

希定　其实也有神奇女侠是双性恋者的说法。她是生活在只有女人的岛上的神，她的性爱对象自然是女性，遇到人类男性也是之后的事情了。

看强健的女性身体在运动，本身就给予我很多快感

允玉　刚才您提到，20 世纪 40 年代展现女性力量的女性主义者角色在 50 年代发生了一些变质。

惠英　漫画中的神奇女侠在 50 年代失去了所有能力，几乎完全沦为附属性角色。后来甚至开了一家精品时装店，主动迎合了传统的女性形象。

智惠　女战士与精品时装店老板的差距也太大了吧?

惠英　这种变化的背后推手，一是上世纪 50 年代让女性再次回归家庭的父权制强化进程，二是当时对同性恋者的敌视风气。神奇女侠的女同性恋或双性恋特征非常明显，但 50 年代后的系列作品把这种倾向全都删除了，反而强调她是异性恋。

希定　总之，20 世纪 50 年代的美国政府为恢复二战后坍塌的社会秩序，推崇基督教提倡的异性恋核心家庭，因此当时民众的性观念也变得极其保守。于是，神奇女侠再次被束缚在了与男性的恋爱关系中。

惠英　是的。后来进入 60 年代，也就是在这种保守的社会中无法呼吸的女性掀起第二次女性主义浪潮的时期。遗憾的是，当时的女性主义者在寻找能够代表女性主义的大众文化符号时，发现几乎没有这样的形象。所以，以格洛丽亚·斯泰纳姆（Gloria Steinem）为代表的许多女性主义者想到了陪伴自己长大的《神奇女侠》。她们常常给 DC 漫画打投诉电话，要求 DC 把自己儿时的英雄还回来。最终 DC 也难以招架，把超能力还给了神奇女侠。当然，她作为女性主义的符号还有很多不足。

　　到了 20 世纪 70 年代，《神奇女侠》被改编为电视剧，由琳达·卡特（Linda Carter）主演。有趣的是，琳达·卡特是美国小姐，2017 年电影的主角盖尔·加朵是以色列小姐。国家级别的美人选拔大赛，其实也是将女性极度性对象化的活动，但从这个大会中选出的女性大部分高挑健美，也符合人民对女性英雄角色的想象。听说琳达·卡特接到这个角色时，收到了很多诸如“美国小姐竟然接神奇女侠这样的角色，女人们会讨厌你”的警告和指责。但结果恰恰相反，最终她收获了很多女性粉丝。但其实我不太喜欢琳达·卡特版的神奇女侠，其在女性主义元素上的塑造非常粗糙和模棱两可。她的裤子太短了。但在美国文化圈内部，新的神奇女侠获得了少女们的喜爱，因为她提供了"我也可以拯救世界，成为领袖人物"的想象。但进入80年代后，对女性主义的抵制氛围变得强烈，这种女性英雄形象再次消失了。

智惠　我想起小时候，我的姐姐穿着运动衫和短裤，背着一个红色的包模仿神奇女侠的样子。这种形象确实为少女提供了一种可以当作榜样的对象。

允玉　我其实最喜欢电影《神奇女侠》的开头。女战士们练习骑马、射箭的场面。

智惠　啊！真的很帅。

允玉　听说电影中，神奇女侠生活的部族只有女战士？

惠英　是的。电影开头的背景是古希腊神话中只有女性生活的亚马孙部族（Amazon）。"a"表示"无"，"mazon"表示胸部，所以"Amazon"意为"没有胸部的部族"。亚马孙的女性为了方便拉弓射箭，参加战斗，会割掉一侧的胸部，另一侧的胸部是为了养育孩子保留的。这个特征也

象征着女性要想兼顾工作和家庭，身体得付出多么艰辛的代价。☺

允玉　是啊，想要兼顾，就得成为"女战士"。

惠英　对，这是只有亚马孙女战士才能做到的事。这是一个全部由女性组成、为守护世界和平而战的部族，以战斗力极强闻名。电影从神话中借鉴了这一世界观设定。最近看的几部动作电影中，《神奇女侠》的海边战斗戏最能带来快感。我看的时候就在想：啊，原来男人们看动作片时的快感是这样的啊。是的，其实对女性来说，目前的大银幕上并没有可以代入的女性英雄形象。大众文化中，几乎没有放大女性身体可能性的作品，大部分女性角色都局限在妻子和母亲形象上。而男性一直是看着这种超级英雄长大的，他们想象自身身体可能性的方式与女性完全不同。

智惠　所以他们才有那么多毫无根据的自信感吗？

惠英　可能吧。我还好奇呢，那些毫无根据的自信感都是哪里来的。☺看电影中那些强健身体的运动本身就给予我很多快感。

允玉　她们戴着类似盾牌的东西，一下子就能飞到空中。

我看的时候也产生了解放感。

希定　亚马孙最厉害的战士，也是神奇女侠的小姨。她有一个飞向空中射箭的镜头，我特别喜欢。

允玉　原来女性的柔韧可以用这种方式表达。

惠英　这种柔韧并不是常见的 S 形曲线，而是能和敌人战斗的柔韧。

允玉　不是为展示给别人看、为获得评价的身体，而是本身就美丽强健的身体。以前乘地铁等交通工具时，我总是特别小心地不去和男性对视，但最近我会抬眼直视他们。虽然是个很小的变化，但对我来说很有趣。

希定　女性在日常生活中被性对象化，渐渐失去了个人意志和空间。相反，男性可以"双腿大张"，展露自己。电影中有一幕，我记得很清楚，神奇女侠出现在人类社会的会议厅，那里原本只允许男性进入。在神奇女侠走进去的瞬间，所有人都讶异地看着她，表现出不悦。但神奇女侠不甚在意地站在众人面前，说完了自己要说的话。我当时就想，这个女人之所以可以这样做，是因为她在亚马孙长大。如果一个女人一直过着被男性"挤压"的生活，那么她应该无法承受那样的视线。我们一直习惯于在看到攻击性目光的瞬间畏缩，只要有人看向我们，我们就会不自觉地犹豫。对女性来说，一个可以不畏惧男性的成长空间非常重要。

惠英　她生长在没有男女性别意识、女性可以自信地成为领袖的环境中，即便突然进入以男性为中心的父权制社会，也可以理直气壮。虽然这是个在现实世界还不可能实现的故事，不过，这正是幻想故事的魅力。有人认为，幻想故事只是"幻想"（fancy），即空想或妄想，但我觉得更像是"虚拟"（virtual）——目前是假想，但拥有实现的潜力。我们看到这样的幻想故事时，也可以想象不远的未来我们有可能实现的事。这正是超级英雄的力量。

允玉　对女性来说，我们只知道身体是需要打扮的，总是被要求对身体小心谨慎，却从来没有接受过身体也可以培养出力量，可以做这样的行动，可以如此健美地教育。

惠英　为了超越这种局限，锻炼身体的教育变得十分必要了。

神奇女侠是女性主义英雄吗?

希定　我更喜欢神奇女侠在亚马孙时的情节。后来，当一个男子来到岛上，打破了岛上原本美丽的平衡，神奇女侠还与他一起离开亚马孙、进入人类社会。不懂人类社会规则的她，开始了自己的战斗。我感觉这里对神奇女侠的刻画过于天真和幼稚了。

允玉　都说初代神奇女侠是女性主义者，电影中也还原了这样的面貌，真的是这样吗?

希定　电影中的神奇女侠究竟是不是女性主义英雄?

智惠　神奇女侠最终是在男性爱人的引导下才找到阿瑞斯[1]，所以我认为她不是。

希定　在这个基础上，我再补充一点，电影中的善恶标准都是由美军男子崔佛定义的。这样看来，神奇女侠这个形象和电影本身，最后都成了高呼"美国万岁"的存在。

惠英　二位的观点我也同意。神奇女侠纯真且幼稚，什么

1　阿瑞斯（Ares）是 DC 漫画中的超级反派，神奇女侠的头号对手。（编者注）

都不懂却拥有超能力，她的形象多少具有两面性。但在第一次世界大战这样险峻的背景下，她也能高呼"爱与和平"，凭着"不让无辜的人死去"这样单纯的想法想要阻止战争，我们便不能轻易就说只有崔佛这个男性影响了神奇女侠。其实神奇女侠的榜样一直是罗宾·莱特饰演的小姨的角色，在这个意义上，神奇女侠也是稍稍脱离母亲－女儿谱系的女性。重要的是，与经过漫长时间精细开发的蝙蝠侠或超人等男性超级英雄不同，神奇女侠是至今仍未被完全开发的一个角色，她的成长谱系、能力和关系网等都需要从现在开始建构。2017年的电影《神奇女侠》正是一个起点，我认为接下来她的一些幼稚面貌会渐渐改变。《神奇女侠1984》目前正在制作中[1]，不知道这一部中的神奇女侠会有多少成长，制作方或许也在布一个很大的局呢。

允玉　亚马孙部族是女性的世界，人类社会是男性的世界。神话是女性，而现实是男性。当神话的女性想在现实的世界有所行动，就需要在故事里安排一个把她带入男性世界的人。现实中的女性为打破头顶的"玻璃天花板"孤军奋战，而神奇女侠却太过理想，只发挥了神话性的价值。我在神奇女侠的坚韧和现实的无力之间，感到一种矛盾。

1　该电影已于 2020 年上映。该部续作聚焦于神奇女侠从成长到蜕变的过程，而蜕变的关键在于使命感与个体性之争，最终神奇女侠选择履行使命而放弃爱情。（编者注）

希定　我还觉得有个情节比较遗憾。电影开头，神奇女侠收到了自己一直在寻找的照片，寄这张照片的人正是蝙蝠侠。蝙蝠侠是哥谭市的富豪，具有足够的财力，所以能帮助神奇女侠获得她想找的照片。这个开头其实也是对接下来蝙蝠侠、超人、神奇女侠一起出场的电影《正义联盟》的预告。男性超级英雄身边总有许多男性战友，可神奇女侠只能孤身一女从亚马孙去到人类社会，她的助力者只能是蝙蝠侠，这一点，让我觉得有点遗憾。

惠英　神奇女侠原本也有一起行动的三位战友，叫作哈拉代（Halladay）。这种女性英雄与三名副手（sidekick）一起行动的形式源自北欧神话。北欧神话中有叫作瓦尔基里（Valkyrie）的女武神，负责把战死的战士引至英灵殿。她们以小团队行动，也都是著名的女战士。

希定　就是 2017 年上映的《雷神: 诸神黄昏》中泰莎·汤普森饰演的角色?

惠英　对，这部电影中也出现了女战士集团，但随着集团的没落，她成了仅存的女武神。总之，神奇女侠的副手角色也应该继续开发。在这个意义上，这部《神奇女侠》中崔佛的死也值得关注。

希定　啊，终于要讲到崔佛的死了吗！

惠英　其实在漫画中，崔佛活了下来，一直作为神奇女侠的恋人出场。崔佛是将神奇女侠束缚在异性恋罗曼史中的角色，但电影让这个角色死了，那之后的故事会如何呢？真让人好奇。

希定　神奇女侠也可能会有一位人类女性恋人，对吧？

惠英　这就不知道了。☺不仅如此，我们还应继续往下探究，现有的好莱坞动作电影和电视剧集中，女性角色常常是被殴打、被杀害和会自杀的形象，不管她们是恶人、英雄还是英雄的爱人，能生存到最后的非常少见。

希定　这种女性角色被称为"消失的中介"。电影常常为了让男性角色觉醒，而安排她们被强奸或死去。

惠英　比如《黑客帝国》中的崔妮蒂，就是代表性的例子。☹

希定　什么！崔妮蒂死了？我怎么一点印象也没有。

惠英 在第三部中被钢筋刺死了。其实崔妮蒂的能力比尼奥强很多，但为了把尼奥打造成英雄，主创就让崔妮蒂死了。为了突出男性英雄个体，让他把功劳完全归为己有，作为男性英雄的助力者和爱人的女性就被牺牲了。

允玉 总是悲惨又冤枉地死去，她们是让男性对这个世界产生愤怒的素材。

惠英 如果一位女性拥有超级力量，且可与男性匹敌的话，就会被持续刻画为男性世界的危险要素，这位女性常常因此遭受惩罚。所以我认为崔佛的死亡是对这种女性角色死亡的镜像反射。

希定 确实，崔佛并不是一定需要死的，他完全可以开飞机离开，只是他选择了死亡。到底为什么要死呢？因为他的死会促成神奇女侠的觉醒。

惠英 是的。崔佛的死打破了女性永远被"罗曼史"束缚的局限性，我对制作方以后会如何刻画神奇女侠更期待了。

允玉 如今，能够建立独立世界的神奇女侠可以在没有男性干扰的情况下施展自己的能力了。

惠英　现有的超级英雄作品中，拥有超能力的女性会因所持的能力羞愧或痛苦，最终走向死亡。比如《X 战警：黑凤凰》里的琴·格蕾，她可以说是 X 战警中能力最强的角色，但她却哀求别人杀死自己。她的能力太出众了，总被外界认为"因为是女人，所以无法控制自己的超能力"。拥有作为女性无法承受的能力，不得不以死亡来获得解脱，这种女性角色并不少见。

希定　我也想起了《冰雪奇缘》中的艾莎。她的能力太强了，所以要躲起来生活。可神奇女侠并不会因为自己的能力羞愧或痛苦，这一点我很喜欢。

惠英　所以神奇女侠如今可以凭借自己的力量站稳脚跟。

希定　如此看来，神奇女侠在人类社会的职业是博物馆导览员这一点也意味深长。一般来说，男性既生活在当下，又是历史的主体，也是故事的主角。但女性总是停留在过去，然后成为这些男性英雄的战利品。而神奇女侠是既生活在当下，也积累历史智慧，且成了故事主角的女性。博物馆导览员正象征着她凭借自己的力量活过了历史，来到了当下。

需要先驱者，
更需要握紧彼此的手

希定　如果电影《神奇女侠》会衍生成系列电影的话，盖尔·加朵就能一直出演下去。但她似乎是一个充满争议的人物？

惠英　是存在一定的争议。盖尔·加朵是以色列犹太裔演员。在 2014 年以色列和巴勒斯坦加沙地区发生冲突时，她在社交媒体发布了引起争议的推文。我认为这确实是盖尔·加朵的错误，毫无辩解余地。她不再仅仅是以色列演员，而是具有世界影响力的演员，更需要承担起自己影响力对应的责任。只不过，后来对盖尔·加朵政治立场的批判转为对《神奇女侠》作品本身的攻击，这种狂热是否合理？换句话说，这是否在披着批判犹太复国主义的外衣，对女性主义电影进行攻击？比如在女性版《超能敢死队》制作时，就出现了"不要在《超能敢死队》中加入女性主义元素"的非难，更让人觉得女性总是被更严格的标准要求着。据我所知，好莱坞的漫威或 DC 系列电影的某些男演员也会因为一些言论受到批判，但并没有像盖尔·加朵一样被集中炮火攻击。

允玉　您的意思是，这种狂热批判中也存在对女性的双重标准。

惠英 是的。虽然作为女性主义者，我不同意盖尔·加朵的想法，但我认为有必要理智看待这种狂热批判。

希定 前不久，我还看了《隐藏人物》[1]这部电影，兴奋到鼓着掌看完了，但里面也像《神奇女侠》一样，有些让我苦恼的情节。女性英雄必须像她们一样拥有天才般的才能吗？是不是只有这种非凡人类的故事才值得被讲述呢？

允玉 是啊。像我们一样平凡的人又会因此而产生一种被剥夺感吧。

惠英 好像又回到了"玻璃天花板"这个话题。总之，超级英雄叙事是"一个英雄改变世界"的精英主义资产阶级叙事，还包含着打破"玻璃天花板"的那个女性可以改善所有女性人生的期待。如果从女性主义者的视角批判地看待这种叙事，则它与以男性为中心的个人英雄主义叙事没有太大的不同。但如今，我们仍有理由渴望这样的女性英

---

1 《隐藏人物》(*Hidden Figures*)，2016 年上映的美国电影。20 世纪 60 年代是美国种族隔离主义异常坚固的时期，拥有天才智力的黑人女性凯瑟琳·琼斯，与在 NASA 工作的黑人女性劳动者领袖多萝西·沃恩，以及梦想成为 NASA 第一位黑人女性工程师的玛丽·杰克森一起，攻破性别歧视和人种歧视，最终加入为白人男性垄断的科研项目的故事。该电影以真实事件改编，向观众展现了历史中无数被抹去的女性，即"隐藏人物"。

雄叙事。一方面，她们确实会给我们带来解放感；另一方面，历史上也有很多刻画女性英雄集体的故事，就像女武神瓦尔基里或《麦克白》中的女巫。可以说，比起单枪匹马的英雄，团体行动的英雄更多。在韩国电影《购物车》[1]中，就不再是一名女性在与不公平做斗争，而是充满姐妹情的女性集体一起斗争。

允玉　其实，工人运动也是劳动者看清"我并不是一个人"，进而明白"我的痛苦与你的痛苦相连"之后才能发动的。现实生活中，在斗争现场并肩作战的女性都能理解彼此的境遇和困难，也会担心如果自己离场，其他人就会变得更辛苦，因此没办法放开握在一起的手。女性斗争的过程和现场真是让感情变得坚固的时间和空间啊。

惠英　是不是在现实中，反而会看到更多的女性英雄呢？

希定　好像真是这样。在熟悉这个世界的法则的男性说"这是行不通的"时，女性会反问："为什么不行？"

惠英　同时我也认为，还需要更多打破"玻璃天花板"、

1　2014年上映，以韩国Eland Homever超市非正式员工的斗争为素材，被评价为韩国首部探讨非正式员工困境的商业电影。

引领变革的女性，以及与她们一起行动、为自己争取权益的女性。虽然要警惕"打破'玻璃天花板'的先驱女性被看到了，仿佛所有女性都获得了成就"的表象，但我们也不该对此过度苛责，不是吗？我们应当期待以后的电影呈现更多彩的女性角色。

允玉　到了该结束本期节目的时候了。

惠英　就我个人而言，我很开心电影《神奇女侠》广受好评。即便这部作品的缺点非常明显，但它依然有很多值得女性主义者讨论的内容。刚刚忘记讨论的一点是，神奇女侠会使用很多种武器，这让我印象深刻。绳索、剑、盾牌、手铐，能操使这么多武器，自由自在地使用自己的身体，这一点给予我极大的快感。

允玉　啊，我被说服了。今天您的力量也非常惊人呢！

希定　我在看《神奇女侠》时感到不舒服的地方，今天几乎都被消解了。也是很久没见赵惠英老师这么开心了。☺

智惠　今天从神奇女侠的诞生开始了解，也拓宽了我的思路。就像赵惠英老师所说，希望电影《神奇女侠》持续制作下去，这个角色能得到进一步的成长。

允玉　好的，赵惠英老师，下一期也要来我们节目啊。

惠英　啊，我成了固定嘉宾吗？ ☺

希定　我们下期节目再见！

允玉　大家辛苦了！

赵惠英的后记

电影《神奇女侠》成功后，DC 和漫威在一段时间内大概率会持续开发女性超级英雄电影，并启用女性导演。DC 与派蒂·杰金斯导演已经签了三部电影的合同。在圣丹斯电影节中，备受瞩目的新人女性导演阎羽茜（Cathy Yan）担任有大量女性英雄登场的《猛禽小队和哈莉·奎茵》（Birds of Prey）的导演，该电影目前正在制作中[1]。担任主演的布里·拉森（Brie Larson）在接受采访时提到的"大型女性主义者电影"、女性超级英雄电影《惊奇队长》（Captain Marvel）也于 2019 年 3 月 8 日国际劳动妇女节上映。不仅 DC 和漫威，"星球大战"或"超能敢死队"等历史悠久、略显陈腐的系列也推出了《星球大战外传：侠盗一号》（Rogue One: A Star Wars Story）和《星球大战：最后的绝地武士》（Star Wars: The Last Jedi），以及女性版《超能敢死队》，吸引新的观众群体，在票房上获得成功，给整个系列带来新鲜的内容，也延长了系列的寿命。但是，来自拒绝这一倾向的男性观众的抵制也愈演愈烈。为对抗这种抵制，需要努力超越白人女性英雄的形象，在人种、年龄、阶层等属性上增加多样性。今后女性主义如何介入大型内容资本市场，如何提升女性作为创作者的地位，如何再现被商品化的女性英雄，将会成为我们面临的重要课题。

---

1 这部电影已于 2020 年上映。（编者注）

韩影中"消失的母亲"与"复仇的女人":

《小姐》和《没有秘密》是女性电影吗?

嘉宾　赵惠英

引　言

允玉　终于要讲韩国电影啦！说到 2016 年的话题作，那就是朴赞郁[1]导演的《小姐》和李京美[2]导演的《没有秘密》，本期我们想聊聊这两部作品。

希定　近年来，不仅在韩国综艺中，在电影中也很难找到充满魅力的女性角色。所以网友们把最近几年的韩国电影戏称为"鱼子汤[3]电影"，嘲讽电影里都是男人。近年的韩国电影，不仅少有代表性的女性角色，即使是女性电影，输出的观点也贫瘠到了极点。直到 2016 年，不仅出现了《小姐》和《没有秘密》，还有尹佳恩导演的《我们的世界》、李彦禧导演的《消失的女人》等优秀作品登场。但对于《小姐》和《没有秘密》能否算作女性电影、女性主义电影，仍是众说纷纭。所以本期我们又请来了电影评论家赵惠英老师。

1　1992 年，朴赞郁凭借执导电影《月亮是太阳做的梦》而出道，但直到 1997 年的电影《三人组》为止，都没有在票房或评价上获得较好的成绩。让他首次备受关注的作品是《共同警备区 JSA》，后来通过"复仇三部曲"（《我要复仇》《老男孩》《亲切的金子》）确立了韩国导演中的地位。除了导演身份之外，他还担任李京美的《胡萝卜小姐》、奉俊昊的《雪国列车》等电影的制作人，是韩国电影界颇具影响力的人物。

2　2008 年，李京美执导了第一部长篇商业电影《胡萝卜小姐》，获得该年度三项新人导演奖，《没有秘密》是她的第二部长篇商业电影。2020 年担任网飞出品高人气剧集《灵能教师安恩英》导演。（编者注）

3　一种主食材为鱼子的辣味韩国传统汤品，多用明太鱼鱼子。（编者注）

惠英　大家好，很高兴再次见到大家。

希定　这两部电影大家都看过了吗?

允玉、智惠　都看过了。

希定　《小姐》首映第一周，观影人次就突破了230万，创造了最快突破200万观影人次的"19禁"电影[1]的纪录，最终总观影人次400万。然而，李京美导演的《没有秘密》最终总观影人次只有23万。遗憾的是，《没有秘密》在上映第二周时几乎已经没有排片，在流媒体平台开播后才凭借口碑在观众中传播开来，但这时观众就算想在电影院看也看不了了。两部电影为什么会有这么大的差距?

允玉　我是和丈夫一起看的《小姐》，但我和丈夫的反应不太一样。丈夫觉得很有趣，但我觉得一般，总感觉哪里不太舒服，观感有些复杂。

智惠　我也差不多。我是和男性友人一起去看的。我看完

1　在韩国，影视作品实行严格分级制度，"19禁"指未满19岁禁止观看类型。在韩国，19岁为成年年龄。(编者注)

后感觉非常压抑，但他说"哇，真是个痛快的电影"。我问哪里让他觉得痛快，对方说"也许你没能与电影的主角共情吧"。我不太同意这个说法，但如果他说的是对的，我也想知道自己为什么无法共情。其实现在我还不知道让我感到压抑的原因具体是什么。

允玉　但《没有秘密》我觉得很有趣，这种差异因何而来，我也挺好奇。

朴赞郁与《小姐》：
为什么女性总被排除在秘密之外

希定　要理解《小姐》这部作品，需要先对朴赞郁导演有一定的了解。近年的韩国电影中，能让观众觉得"果然是他"、拥有强烈的导演风格的作品已经不多见了。制作优良的商业电影虽越来越多，但可以品味导演创造出的世界的作品渐渐消失了。但《小姐》和《没有秘密》都非常强烈地展现出了导演的个人意识，朴赞郁和李京美都是拥有"朴赞郁宇宙""李京美宇宙"的世界级导演。在讨论这两部作品前，理解导演本人或作品的世界观非常重要。首先是朴赞郁，从《老男孩》开始，他拍摄了很多根据原著改编的电影。《老男孩》由日本同名漫画改编，《蝙蝠》的原著是左拉的《戴蕾斯·拉甘》（*Therese Raquin*），《小姐》的原著是萨拉·沃特斯的《指匠》（*Fingersmith*）。但他从不照搬原作，总会把这些作品"本土化"——比起直接套用韩国人的生活方式进行本土化，他更喜欢以追求"混杂性"（hybridity）的方式实现。

允玉　混杂性？

希定　就是融合多种文化的异质要素——将原作的氛围、韩国的主体性、即将看到这部电影的其他国家的观众视角全都考虑进来，创造出一个新组合。也许因为朴赞郁经常收到海外电影节的邀请，得到了很多海外市场的反馈，所以认识到了走出韩国、为全世界观众创作作品的必要。他的电影中最能体现这种混杂性的部分就是空间设定。比如《蝙蝠》中，一个韩国人走进日式房屋，说自己是基督教祭司，这就是非常具有异国质感的安排。《小姐》的舞台也是日据时期朝鲜半岛的日式风格非常强烈的空间，主要角色同时使用日语和朝鲜语。

允玉　电影开头，淑熙（金泰梨饰）进入秀子（金敏喜饰）生活的宅邸时，佐佐木夫人（金海淑饰）好像就是这么介绍的——融合了日式、西式、朝鲜式的空间。

惠英　是的，这种混杂性并没有脱离历史。《小姐》的空间虽然像"孤岛"，似乎是非现实的，但通过秀子的姨父上月教明（赵震雄饰）和伯爵（河正宇饰）的角色，可以看出作者是带着充分的历史认知在创作这个故事的。孙希定老师也在几篇文章中写到过，殖民地男性的"男性特质"、对性别与历史关系的认知、帝国主义与父权制的相遇等元素，都十分精彩地呈现在这部电影中。其实我觉得电影《小姐》比我期待的要精彩很多，我看过它的原著小说《指匠》，也看过它改编的电视剧，所以当朴赞郁宣布要拍摄另一个版本时，我原以为不太可能会有新鲜的东西出现。但看完电影，我发现了很多充满魅力的部分，尤其是有意识地向女性主义视角靠拢这一点，值得高度赞扬。这种努力也收获了某种程度的成果，我认为不应该无视这一成果。

希定　我同意赵惠英老师的评价，朴赞郁是从女性主义的问题意识出发创作这部电影的。其实我们也是为了讨论这个话题，才提到他的作品世界。从朴赞郁的作品谱系看，在《老男孩》之后，他开始思考"如何刻画女性"。《老男孩》极其强烈地展现了以男性主体为中心的韩国现代化和工业化历史观，也对其中充斥的暴力进行了反省。以外汇危机为例，一旦韩国的现代化出现倒退，就会被描述为父亲的失败。

允玉　这就是"垂头丧气的父亲"修辞（rhetoric）啊。

希定　是的。《老男孩》就是一个"垂头丧气的父亲"的故事。一直努力工作养活全家的父亲吴大修（崔岷植饰）突然被绑架，被关了十五年。他被释放后，遇到一个叫美道的女人（姜惠贞饰），重新坠入爱河。吴大修很感谢监禁室中的时光，因为如果他还像以前那样生活，就不可能遇到美道。但后来他发现，美道是自己的亲生女儿。父亲怎么连女儿都认不出，还发展成乱伦关系呢？电影中，吴大修在监禁室中度过的时光是以电视新闻的形式展现出来的，也许那些新闻的罗列，正是对"父亲不再是父亲"的说明——从 20 世纪 80 年代末韩国军事独裁政府垮台，到1997 年外汇危机爆发，再到 2003 年卢武铉就任总统，宣布了政治上的世代交替，真正的国民时代来临了。在这段时间里，吴大修在监禁室中从"强力的父亲"变成"垂头丧气的父亲"，他看着新闻播报的圣水大桥崩塌事件[1]，开始反省自己的人生。《老男孩》正展现了"当无力的父亲归来，世界再也不属于他了"的想象。

　　可以说到《老男孩》为止，朴赞郁都认为韩国史是男人的历史、父亲的历史，没有什么女性主义问题意识。所

---

[1]　1994 年 10 月 21 日，位于韩国首尔市汉江上方的圣水大桥中部突然崩塌，造成32 人死亡，17 人受伤。（译者注）

以《老男孩》虽然在戛纳电影节得了奖，也收获了不少好评，但在女性主义者中间遭到了强烈批判——从历史观到对女性的再现，都过分男性化了。面对这样的评论，朴赞郁应该产生了很多思考。在上《新闻直播间》节目时，他曾表达过这样的苦恼："当所有男性角色都知晓秘密时，为什么女性角色被排除在这个秘密之外呢？"后来，他制作了《亲切的金子》《机器人之恋》《蝙蝠》《斯托克》等电影，寻找新的再现女性的方式，直到有资格自称"女性主义电影"的《小姐》诞生——在殖民地经受多重压迫的女性建立联盟，打破与帝国主义结合的父权制，成功地走了出去。

惠英　但比较遗憾的一点是，与电影相比，原著小说作者萨拉·沃特斯对英国维多利亚时代的理解非常深刻，她深入思考了如何刻画那个时代的女同性恋者的方式，但电影《小姐》却未能丰满地描绘淑熙和秀子间的阶级差异，或朝鲜半岛沦为殖民地后以淑熙为代表的贫苦女性的苦恼等，对当时的殖民地女性是如何生活、如何具备主体性的相关探讨也略显不足，只把这些女性角色放入"无菌空间"中呈现，忽略了淑熙和秀子作为历史人物的特性。

希定　是否因为这部电影终究是一部"男性电影"呢？

允玉　男性电影？

希定　是的，外汇危机后掌握韩国电影核心的男性电影。我认为，《小姐》可以说是一位"韩男电影"大师的反省文。

为了让父亲成为英雄，
母亲需要消失

希定　男性被放大，而女性的代表元素全部遭到歼灭，也就是几乎没有女性主角。这种倾向是从所谓的"2003宇宙"开始的。2003年左右，号称引领韩国电影十五年的"名导名作"纷纷登场：朴赞郁导演的《我要复仇》《老男孩》，奉俊昊导演的《杀人回忆》，张俊焕导演的《拯救地球！》，金知云导演的《蔷花，红莲》，洪常秀导演的《生活的发现》等。这些电影在批判韩国社会的同时，将暴力和厌女作为美学，为了批判暴力而再现暴力，且大受观众的欢迎。于是韩国导演愈发沉溺于更暴力的表现方式中，结果韩国电影中的批判意识渐渐消失，只剩下为观赏而存在的暴力。许多评论家表示，韩国电影至今未能摆脱"2003宇宙"的影响，哀叹韩国目前仍未出现超越朴赞郁、奉俊昊的导演。虽然我并不完全同意这一说法，但确实觉得韩国电影没有积极地更新。但某种意义上讲，摆脱厌女局限性的尝试也是从朴赞郁和奉俊昊开始的。在朴赞郁导演的《小姐》与奉俊昊导演的《玉子》等电影中，可以看到他们为改变现状做出的努力。

允玉　韩国电影给人的第一印象就是以男性为中心的，实际也是这样吗？

希定　单纯从数量上看的话，做下贝克德尔测试[1]（Bechdel Test）就很清楚了。测试有三条标准。第一条，电影中是否出现两位以上有姓名的女性角色。拥有姓名意味着这个人物拥有主体性，有机会成为推动故事的核心。仔细翻遍韩国电影，几乎没有能符合这一条的。即便在观影人次突破千万或历年票房排名前十的电影中，也几乎没有合格的。比如，观影人次超千万的电影中，只有《汉江怪物》《海云台》《夺宝联盟》和《暗杀》中出现了两个以上拥有有意义名字的女性角色。第二条，这些女性角色有自己的情节，她们之间有对话。

智惠　对话？

希定　因为大部分电影中，女性总是作为男性的伴侣或装

1　1985年美国漫画家埃里森·贝克德尔为计算以男性为中心的电影数量创设的电影性别平等测试。2013年，瑞典成为世界上首个将贝克德尔测试引入电影产业的国家，通过这个测试的电影上会有"A"的认证标识。

饰物出现，所以女性角色之间不怎么建立关系，也很少有对话。第三条，两名女性的对话内容是否与男性无关。很多电影中，女性只要碰面，就会相互倾吐诸如恋情不顺这些有关男人的话题。这些话题固然重要，但人们会认为她们只知道聊这些话题，这就是大众文化造成的固有偏见。当然，不是只要通过贝克德尔测试就是女性主义电影，比如2017年上映的电影《沉默》，虽然发行公司宣称"这是一部通过了贝克德尔测试的电影"，但它在某些方面仍是非常厌女的。

允玉　韩国电影为什么会让女性角色消失到如此地步呢？

希定　我认为，外汇危机是个重要节点。主导韩国现代化和工业化发展的主要是男性，所以男性会认为自己是国家的主人；当经济发展停滞，全体国民都负债累累时，外汇危机被想象成只属于男性的危机，可那时也有大量女性劳动者被解雇。韩国社会试图在文化上安慰男性家长，以此克服经济危机，于是韩国电影安慰了充满伤痛、垂头丧气的男性观众，以及已经内化了这种父权制思考方式的女性观众。最终，这类电影获得了观众的追捧，成了一种大卖的公式。大家想想，直到20世纪90年代，韩国电影中仍有大方展示自己的工作与爱情、充满活力的女性角色。外汇危机之后，这种角色消失得无影无踪，只留下母亲或姐姐的角色，或是作为性对象被消费、成为男性之间互相赠送的"礼物"。此外便只有恐怖电影中的女鬼，或犯罪电影中的女尸了。

智惠　拥有类似倾向的，是不是还有一种父爱片？就是只有父亲可以救赎我们的故事。

希定　是的。2005 年以后，韩国电影中开始出现没有母亲只有父亲的家庭，也就是没有母亲这一角色，或即使母亲存在，也是空有名头，未曾出现。为了让父亲成为英雄，母亲需要消失。从《汉江怪物》到《釜山行》，这种电影不断出现，我把这种电影叫作"父爱剧情片"。垂头丧气的父亲救回家人，重新以英雄身份回归，这种有缺点的父亲会加强电影情节的矛盾冲突，更是对父权制社会男性主体性的巩固。

允玉　韩国电影中女性的消失并不是单纯的"娱乐"问题，它体现了社会变革与性别力量差异是如何相互作用的。

希定　在这个意义上，我认为《小姐》是一种反省文。

允玉　我突然想起了李濬益导演的《愉快的人生》。失败的父亲们组成一支乐队，克服人生挫折的故事。

希定　这种电影就属于刚才提到的、2005 年以后出现的"父爱剧情片"——从"寻找父亲""为父亲重振雄风""为父亲加油"开始，到"让父亲成为英雄"，最终发展为"父爱至上"，其顶点可以是描绘"被遗忘的英雄父亲"之回归的《国际市场》，也可以是《老男孩》中那种畸形的"父亲回归"，虽然它们刻画父爱的方式略有不同。当然，《老男孩》对父女关系进行了相当复杂的刻画，也不能单纯地这么定义，但我认为它可以算得上是"韩男电影"的范例。有很多人批判《小姐》未能更多展现淑熙和秀子的故事，结尾太过偏重于伯爵和上月教明的下场。电影的最后，伯爵说了这样一句台词，大概是"死的时候还能保住这命根了，真是万幸"。是这两个男人的对话最终补完了朴赞郁对韩国"男性特质"的批判和自我反思，这就是《小姐》本质上仍是一部男性电影的原因。

智惠　啊，所以看这部电影的时候确实会不舒服啊。

允玉　更让我感觉不适的是秀子和姨母朗读色情书籍的时候，完全被性对象化了。原著《指匠》中并没有这样的内容，但电影呈现出如此刺激性的场面，我猜测是对商业市场的妥协。如果不把男性观众作为前提条件，就没必要做到这种程度。所以和丈夫一起看那种把女性直接性对象化的镜头，我感到很不舒服，而且难以投入。

惠英 《指匠》的原作和改编电视剧中的确有收集色情书籍并表演的设定，但没有电影中叙述得这么详细。

希定 我反而觉得，这个场景可以说明，女性的性形象不过是男性策划和制造的幻象。正因为观众感受到了这种幻象中暗藏的暴力，在浓缩幻象的空间——地下图书馆被毁掉时，才有一种解放感。

惠英 如果说这部电影是"反省文"的话，这个场景才是核心吧？上月教明本身是朝鲜男性，但为了让日本男性享乐，比任何人都努力地创造出华丽的性演出和幻象，建造最具创意的色情小说演出空间，也是一种殖民地"男性特质"——作为韩国的男性导演，朴赞郁想通过创造出那样的形象和故事来获得世界市场的认可。我虽然并不完全同意这部电影是对"韩男电影"的反思这一解读，但我同意这是对殖民地"男性特质"的反思。电影的结构是一种框架，框架是男人们的故事，框里的画作是女人们的故事，所以《小姐》的核心也可以是男性的故事。

希定 您的意思是，在男性导演自我反省的框架内，女性的故事被活用为反省的道具？

惠英　还不至于是道具，但这个框架太大，又太华丽了，就像男性导演永远在膨胀的自我意识。朴赞郁导演在对《指匠》的解读和电影化上确实投入了很多精力，也为金泰梨、金敏喜、文素利等女性演员提供了施展华丽演技的舞台，这一点确实值得高度评价。

希定　许多女性观众观看《小姐》时的不适感主要来自对女同性恋者的性爱场景的展示，觉得男性导演将女同性恋的性爱过度对象化了。但也有很多女性观众，尤其是女同性恋者观众非常喜欢。您是如何看待这个问题的？

惠英　我不认为男性导演拍摄女同性恋者的性爱场面是个问题。只是我觉得，将女同性恋的性爱描绘得极其同质化、扁平化，甚至用上了"移画印花法"（décalcomanie）[1]，是否也是异性恋男性导演的一种幻想。想象女性之间的关系是无条件平等且绝对理想化的，本身就是对女同性恋身份的客体化。其实，为了形成平等且良好的恋爱关系，需要非常多的时间和努力，不是吗？但电影中两个主角的关系是突然确立的。在互相欺骗对方的情况下，又特别轻易地理解了对方。原著《指匠》中两位主角的关系就没有这么平

1　法语，本为制瓷业用语。

等和政治正确，而是充满欲望、相互榨取与权力的流转。我认为，用乌托邦式的视角来解读女性之间的关系，是有问题的。

李京美与《没有秘密》：
以复仇为名的自我探索

希定　现在我们可以过渡到李京美导演的《没有秘密》上了。有杂志曾在采访朴赞郁和李京美时，问他们在拍摄电影时是否有意识地加入了女性主义的表达。李京美说自己并没有，不过这种观感可能是从她自己的经历中产生的。但参与《没有秘密》的剧本创作的朴赞郁在这里突然插进来，说《小姐》也是一部女性主义作品。这种差异是从何而来的呢？我觉得很有趣。看完这段采访后我在想，韩国社会中，谈论女性主义对精英男性来说或许是一种装饰品，但对女性来说，在承认这一点的瞬间，就给自己加上了某种枷锁。

允玉　是的，真是意义深远的形容——对某些人来说是装饰品，而对某些人来说是枷锁。

希定　对李京美来说，朴赞郁也是发掘她的才能、帮助她出道的重要导师。李京美的毕业作品是《你顺利吗？所有的一切》，在韩国独立电影界备受关注。

惠英　还获得了首尔国际女性电影节短片竞赛单元大奖。非常有趣的作品。

希定　虽然不知道两位是如何相遇并开始合作的，但朴赞郁应该是从这部短篇电影中看到了李京美的可能性。之后李京美担任过朴赞郁作品的编剧，并最终在朴赞郁的制作公司 Moho Film 中制作了《胡萝卜小姐》，这部电影也是她的第一部长片。

惠英　发掘新人，培养他们成长，是非常重要的。比起"装饰品"的话题，也许讨论"成为男性女性主义者有多难"更具有现实意义。

允玉　成为"男"女性主义者真的很困难。

惠英　其实，困难才对呢，我就想强调这一点：男性为成为女性主义者，当然很难，必须很难，需要经过漫长的努力。朴赞郁没有屈服于这些困难和苦恼，一直在努力创作更好的电影。

允玉　我在读一篇专栏文章时曾想过"成为一名残障人士有多难",之后又为这种想法感到非常羞愧。因为身为非残障人士的我,绝对无法拥有残障人士在生活中习得的感受;对我来说普通平常的事,对他们来说都是挑战。男性在理解女性主义时遇到的困难,应该也和这一点相似。现在我们正式开始聊聊《没有秘密》吧。

希定　可以说,李京美和朴赞郁一样,有着个人色彩鲜明的作品世界,也一直在创作相当独特的作品。让李京美这个名字走向世界的是此前提到的毕业作《你顺利吗?所有的一切》。在这部作品中,李京美世界的特征——"两个女人"的形象就开始出现了。

允玉　"两个女人"的形象?

希定　非常相似的两名女性,在争吵或亲近的过程中成为朋友,这是李京美世界的重要设定之一。《你顺利吗?所有的一切》讲的是一家公司的两名女性员工一起加了一次夜班的故事。这种二人组合的设定延续到她的长篇电影出道作《胡萝卜小姐》,以及后来的《没有秘密》中。对李京美导演来说,女性之间的故事、她们之间的关系是非常重要的。

允玉　我非常喜欢《没有秘密》可能就是因为这种设定。

希定　我们觉得有趣的电影票房都惨败，这可怎么办啊？奇怪的是，我觉这部电影的制作非常优秀，但很多人觉得女性导演的自我意识太过强烈，拍得很差，所以不喜欢；还有人说这是一部"失败的悬疑片"。这种两极分化的评价是从何而来呢？我也很好奇，您觉得哪里最有趣呢？

允玉　我很喜欢电影的反转。

希定　不得不剧透了啊，还没有看的听众，请原谅我们！☺

允玉　其实电影开头是比较难沉浸进去的，出场人物也非常多，我当时还想：为什么要这么仔细地铺开来呢？但当前面铺设的线索一条条地明朗起来，我就渐渐沉浸了——那种感觉就像在剥洋葱？一直剥，一直剥，仍然不停有新东西出来。当所有线索在结尾像拼图一般拼起来时，我整个人就是"啊！原来是这样的……啊啊啊！原来是那样的"。这也许是一部需要耐心的电影，没有沉浸进去的观众会觉得无聊。我个人感觉，电影的反转是努力看到最后的奖励。

惠英　我也无法理解说《没有秘密》制作很差的人。这部电影确实没有使用观众熟悉的那种顺畅的叙事和展开，若想在商业上反响显著，只能"稍微"脱离一点人们的预期。这部电影脱离得太多了，但也不能因此判断这部电影在题材性或作品性上就失败了。需要推理的部分，没光靠一个角色直白地解释，整体编排得非常仔细，作为类型片特有的快感还是很实在的。叙事、镜头、画面，看得出经过了长久的思考和拍摄准备。

希定　是的，还展现了演员们全新的形象。

惠英　肯定有的。特别是从下方拍摄妍红（孙艺珍饰）的镜头，其色彩和配乐都颇具实验性。也许类似这种导演对个人乐趣的追求和努力，韩国观众并不买账。

希定　如果太过脱离自己的预期，观众总会觉得疲惫；过于曲折的剧情安排，反而会让观众觉得尴尬。这也让我很好奇，以后韩国的商业电影将会向什么方向发展。

允玉　开始我以为这是一部以选举为主题的惊悚电影，因为有男人之间的暗斗、阴谋等，还疑惑这是不是一部男性电影。但选举与政治不过是背景，推翻预期的瞬间，故事结构就变得复杂起来，不断在推翻观众的预期……所以我理解那些不够友好的评论。这样看来，《没有秘密》并没有像《小姐》一样对商业性妥协。

希定　男性角色和政治故事太过贫瘠，也是《没有秘密》被批判的理由之一。

智惠　我觉得已经很充分了。

希定　我们肯定都觉得充分，因为这两样只是背景而已。"男性角色太过扁平，没有充分的说明，没有体现社会的黑暗"这种批评，我认为就来自熟悉男性中心叙事的观众。在以男性为中心的电影中，无论女性多么扁平，多么缺少笔墨，人们也不会批评电影拍得差。但在以女性为主的叙事中，没有那么详尽地讲述男性的故事，就会被说"怎么只讲了这么点"。有一位影评人是如此分析观众的观影心理的："现实生活中，这么多男性都在从事如此重要的政治事业，在这部电影中，他们的比重却如此低，甚至算不上像样的反派，他们无法承认这一事实。电影结束后，他们仍不知所措，他们的疑问大多关于主角的丈夫——这个人是谁？为什么关于这个人的说明这么少？推理电影中追查真相的侦探大都是男性，《没有秘密》中却出现了一位女性侦探。习惯跟随男性主体看电影的观众会觉得，突然出现一个傻乎乎的女人，说着'思考，思考'，最终揭开真相，让人很别扭，于是'这电影拍得很差'。"

惠英　是这部电影的名台词啊，"思考，思考"。

希定　我也很喜欢这句台词，思考着的母亲出现了。我真的很喜欢这部电影的一个原因，就是它贡献了韩国电影中没有过的母亲角色。不是母性意识形态刻画出的被崇拜对象，也不是无法用理性的语言解释的怪物，而是一个拥有自我面孔的母亲，避开了社会强加的母性，凭借自己的理性下判断，做出行动。李京美导演也曾说过，妍红这一角色在电影里是"越来越聪明"的。电影中的妍红曾想成为"希拉里"，即总统夫人，但她逐渐走出了自身的局限，走向另一个世界。

允玉　我还有这样的想法。一直以来，韩国电影中的公权力从没有保护过市民的安全，而只为资本家或政治家等特权阶层服务，电影中暴露出这一现实的事件，就是孩子的失踪。《汉江怪物》等电影也是一样。当孩子消失时，能够找回孩子、解决事件的，只有家庭的纽带而已，公权力没有发挥任何作用。所谓社会正义，无法通过警察或司法机关实现，只能通过个人和家庭关系来解决。这种情况下，母亲独自一人且作为主体，去解开谜题、解决事件，这样的作品此前并没有出现过。[1]

惠英 也不是完全没有，不是有《奥罗拉公主》或《公正社会》这样的作品吗？

希定 母性复仇作品是有一个谱系的。这些电影和《没有秘密》的差异是什么呢？这些电影假定制度、法律以及理性的语言都由男性决定，完全不解决女性角色，特别是母亲角色的苦闷和委屈，所以母亲们逐渐成了疯子。失去孩子后，她们没有像妍红一样理性思考"我的孩子死了，我要复仇"，而是成为失去理智后恣意妄为的"怪物"。法律无法解决她们的问题，犯人不能被关进监狱，也得不到警察的帮助，母亲们被完全排斥在制度之外，于是开始无差别地施暴，反正她们从未受到制度的庇护。

允玉 母亲自己也走出了制度。

1　母性复仇作品的历史与"妈虫"的逆袭：韩国大众文化中，支配性的母亲形象有两种，一种是慈爱且充满智慧的母亲，另一种是批判韩国传统母性意识形态的母亲。《没有秘密》的妍红是第三种母亲，更接近"妈虫"——傻乎乎，心理上还没有成为大人，需要被女儿照顾，无法被社会承认，因此成为"虫"的母亲。妍红与其他母性复仇作品中的母亲是完全不同的。从《母亲安魂曲》，到《奥罗拉公主》和《亲切的金子》，再到《公正社会》和《妈妈别哭》，在这些韩国传统母性意识形态内化催生的母性复仇作品中，母亲神圣的本性遇挫，首要原因是暂时性的母亲能力不足，根本原因是社会的阴暗面。但妍红突破了这种限制，成了以自己的方式存在的"母亲"和追寻真相的"侦探"。在这个意义上，《没有秘密》是毫无理由地被嫌恶的"妈虫"在父权制社会的逆袭。

希定　对，母亲自己也走出去了。许多作品中，母亲角色一般会在什么时候失去孩子呢？是没有丈夫、独自抚养孩子时，或与其他男性发生性关系、开展恋情时，剧情经常安排孩子在这时被绑架或遭遇事故。创作者的想象力局限于女性只要追求自己的欲望就无法成为好母亲的偏见；同时，又让母亲的欲望与母性形成互斥关系，刺激母亲角色的负罪感。在这种负罪感中，她们用自我毁灭的方式进行复仇。

允玉　这样看的话，《没有秘密》完全不同啊。

希定　是的，完全不一样。

惠英　毁掉母亲人生的，不仅是无能的公权力，还有父权制主导的性别歧视，二者合力在母性复仇作品中抹去父亲的位置，以此撇清父亲的责任，呈现出一切都是母亲责任的假象，但实际上，没有出现的父亲本身就负有责任。《没有秘密》的名台词"思考，思考"本该与《哭声》中的"有什么要紧"一样备受关注，真是太可惜了。其实李京美导演的电影中，女性角色即使在系统内被压迫，也常常为了在系统中获得一定的回报而孤军奋斗。就像妍红曾想成为希拉里一样，为了得到些什么，十分认真地追寻社会的法则与规律，却都不太如意。为了让恶毒的社长满意（《你顺利吗？所有的一切》），为了得到有妇之夫的爱（《胡萝卜小姐》），她们想在系统内、在被允许的范围内中成为第一名。但其实在观众看来，她们追求的都没什么意义——是某种意味的"傻"。我对这些角色感到意外，常常对她们最终会怎样十分好奇。

希定　就像妍红的女儿说"我妈妈有点傻"，可以看出李京美导演非常清楚角色正处于多么矛盾的境地。

惠英　在说出"思考，思考"的瞬间，妍红就正式变身了。曾只允许男性踏上的穷理之途，对妍红来说也成了可能。她也开始穿艳丽的服装，渐渐发挥出侦探的潜质，进行理性的复仇。

希定　李京美导演说，《没有秘密》的妍红一直在成长，也许不仅是妍红在成长，"李京美世界"中的女性角色也都在成长。我对妍红没有进行杀戮的复仇，而进行了社会性的复仇这个设定印象深刻。应该没有哪种方式，比毁掉他人的社会性更能象征自身的成长。我最喜欢的台词是女儿的葬礼上，妍红看着天空说出的那句"该死的"——她准确认知了自己所处的"该死的"情况，这也是她成长的契机。

允玉　啊，那句台词。真的太棒了。

希定　丈夫在孩子的葬礼上进行的这场政治秀是多么"该死的"勾当啊。不久前，我有机会短暂地和李京美导演聊了一下这部作品，她说，妍红不是穿了有花纹的连衣裙去葬礼嘛，她从那个时候就开始变聪明了。从这个意义上讲，这部电影再现了完全不同的母性，也再现了完全不同的女性自我。之前的嘉宾沈惠敬老师也认为，"与其说这部电影是母性复仇剧，不如说是一部自我探索的复仇剧"，从结论来看，"也是一部女性自我探究后得到成长的电影"。我很有同感。

允玉　这样来看，对于那些在家庭的名义之下暗暗萌发、耻于戳破的秘密，妍红其实也有很多想装作没看到、妥协过去的时候。如果太过靠近真相，揭开真相，就要放弃国会议员夫人的地位和平稳的生活了。女性总被放置在这种矛盾和苦恼中。妍红的"第三种复仇"，也可以解释为打破人生安稳的边框，实现自我成长的选择。

惠英　想借助丈夫的成功获得自身成功的妍红，现在过上了另一种人生。

希定　"Girls Do Not Need a Prince."（女孩不需要王子）——我们拒绝让我们等待白马王子的父权制。

允玉　本期的韩国电影主题由《小姐》和《没有秘密》展开，我们得出的结论是"女性并不需要王子"。为了做到这一点，应该"思考，思考，再思考"。这应该也是本期节目的核心吧。

希定　总结的水平真的非常高。

允玉　是吧，我这方面挺厉害的吧？ ☺

惠英　今天真的很开心，谢谢大家的邀请！

孙希定的后记

　　"女性主义重启"后，小说、网络漫画、电视剧、流行音乐等多种大众文化迅速按照女性受众的要求做出了改变，而电影界的变化是最缓慢的。为什么韩国电影界对女性主义的复苏反应如此迟缓？是否因为电影界成员的灵活性很低，整体呈现出"渐老"的状态？反观有线电视台，在给自家的电视剧打上女性主义的"补丁"后，展现了更受欢迎的叙事；以网飞为代表的多种流媒体平台，也逐渐对影视作品的表达形式与内容产生了影响。迟缓进步的韩国电影界将如何克服停滞、寻找新的生机呢？首尔国际女性电影节主办方和电影振兴委员会性平等小组正在共同推动"性平等电影政策"，希望在不久的将来，可以看到它的成果。

游戏、网络色情与互联网"男性特质"

嘉宾 崔泰燮

文化评论家,韩国圣公会大学社会学博士,为《京乡新闻》等多家媒体供稿。持续关注韩国社会性别问题,尤其是2000年以后青年男性的厌女心理。

著有《剩余社会》《委屈之人的国家》《角落中产生的思维》,与他人共著有《热情如何成为劳动》《没有那样的男人》。

引 言

允玉　本期节目首次邀请到了男性嘉宾。

希定　可以说，我们讨论的主题和目标一直是大众文化中的性别再现，也更侧重于女性遭遇的问题。但本期我们想把视线转向男性，尤其想探究厌女文化与"男性特质"的关系——男性是如何学习厌女文化，将其深植于心，并进行再生产的。本期的嘉宾是研究大众文化与韩国社会、青年问题，以及"男性特质"问题的崔泰燮老师。

泰燮　大家好，我是崔泰燮。我竟然是唯一的男性嘉宾，非常荣幸。☺

允玉　本节目的听众中也有很多男孩的母亲，我想这期节目也能帮助她们理解自家的孩子。

希定　听专门教十到二十多岁男学生的一线教师说，这个年龄段的男性厌女情绪非常严重。不久前，我听了一场有关性别平等教育的讲座，来听讲座的一位老师聊到，她十多岁的儿子问她"妈妈，'女拳'是什么啊"时，她不知道该如何向孩子解释。在十多岁的孩子中间，对女性主义的偏见竟如此严重，如何把这种现象与整个韩国社会的厌女文化联系起来，也是困扰我很久的一个问题。崔泰燮老师的主要研究对象是"男超网站"（男性用户比例较高的网站）、网络游戏、色情数字媒体等网络空间中的厌女现象，希望本期的内容能帮到大家。

现在的互联网就是垃圾场和下水道

泰燮　首先，并不是互联网文化催生了厌女现象，厌女的历史非常久远，可以追溯到公元前。但正因为互联网文化在当代人的生活中占据非常重要的地位，才应该更多地思考它和厌女现象间的联系。同时，互联网上兴起的各种活动中，以男性为中心的活动占了很大比例。与其他娱乐活动相比，男性会在互联网中投入更多时间与金钱，这种倾向在青年男性中更为明显。

允玉　游戏、网络色情、"男超网站"是需要重点关注的三个男性活动领域，对吧？

泰燮　是的。这三个领域提供的绝大部分娱乐活动，都是青年男性自主获取的，因此，对他们来说，在这些过程中接触的信息更容易吸收。网上的帖子比教科书有趣得多嘛，这一点谁都无法否认。随着智能手机的普及，网络空间也发生了异变。从前，网络社区中如果有人发出不好的声音，会有人质疑，用户能够自净，但现在的互联网是不可能做到的，如今的网络空间一直处在"劣币驱逐良币"的状态。

希定　互联网也是一种公共领域呢。

泰燮　比起公共领域，其实更接近"垃圾场"。现在网络交流的切入点就是侮辱。相互侮辱，吵来吵去，争吵一旦激烈起来，就上升为相互揭露私人信息、公开彼此的网络足迹。

希定　社会越来越刻薄，只留下无限的竞争与生存至上主义，网络上的虚拟人生也是现实社会的反射。这一点刚好和崔泰燮老师最开始提到的"互联网文化没有催生厌女，只是反映了厌女"衔接了。

泰燮　这也是我时常思考的问题。21 世纪初年，网络上常有人从社会学的角度谈论人权等话题，那是多么高尚的交流和思考。想到这里，真的会质疑这十余年间韩国社会到底发生了什么。

允玉　20 世纪 90 年代末起，韩国的新自由主义加速发展，我们只能各自谋生，无法在社会上自由地发出自己的声音，开始通过互相"贬低"（disrespect，diss）追求生存。互联网在承接这些"贬低"的同时，也成了下水道一般的空间。

泰燮　互联网就这样渐渐充满冷嘲热讽和阴阳怪气。

允玉　也就是说，其实不止网络空间，我们生活的这个世界也是如此。

泰燮　虽然人们为了躲避现实的制约才来到网络空间，但他们又希望这个虚拟空间能对现实产生影响力。渐渐地，这个空间充满了错综复杂的欲望，因此人们又需要匿名来保护自己。匿名的人聚成一种共同体后，开始攻击其他群体，希望对其产生影响。这是种非常便利的组织结构，但在社区内部也常常发生"关注竞争"。

希定　"关注竞争"……为了吸引更多关注，制造更厉害的、更具刺激性的图片和故事来竞争的意思吗？

泰燮　就像出其不意的一方才能获胜的胆小鬼博弈（Chicken Game）。但在这里，你要是认真起来就输了。他们为了获得关注还会造假，代表性的就是"下跪女事件"。

允玉　又是"〇〇女"啊。

泰燮 只是无数○○女中的一个。一个网络社区里，有人发布了一张中年巴士司机下跪，一个年轻女人抱臂站在一旁的照片，还附了一句"这种没教养的女人"，直接引发了对这名女性铺天盖地的攻击。结果媒体采访后发现，这张照片是造假的。照片中的场景是真实的，但实际情况并不像发布者描述的那样。真实情况是，巴士在高速公路停下了，给乘客造成不便，因此巴士公司的负责人在向乘客们谢罪，照片中的女性只是正好环抱双臂站在那里而已。

希定 但照片经过处理后，看上去就是女子让司机下跪。

泰燮 而造假被揭露后，人们的反应却是"有意思就行了"。

希定 当现实空间中拥有的资源渐渐消失，在网络空间中受到被点赞、收藏或转发等形式的关注，是一种安慰或乐趣。网络空间的关注也可能延续成现实空间的资源，比如成为"网红"，所以人们更会抢着创作刺激的内容，当然就有人造假。造假现象也与色情内容的流通有关。在类似 ilbe 的网络社区里，我在现实中是什么样的人并不重要，重要的是我在这个社区中能提供多少刺激的、有趣的图片。要想在这个社区成为老大，就要不断"涨粉"，因此被"男性化"的用户相互交换女性色情图片，以此累积自己的影响力和身份资本。

允玉　女性的形象在男性之间被交易啊。

泰燮　这种扩大影响力的乐趣非常容易上瘾。他们主要攻击的对象是弱者，这样能造成最广泛的影响，被报复的危险系数也最低。

在网上说自己是女性时，
就已经在表态了

泰燮　2015 年的一项调查显示，韩国的国民网络使用率为85.1%，其中女性占比不到 50%，但也超过了 2000 万人，且人数逐年增加。但韩国的网络文化似乎有些过度男性化了。韩国 50 大网站中，除了 NAVER 或 Daum 等商业网站，仅根据浏览量大小给社区型网站排序的话，大多是"男超网站"。

希定　还有女性用户在使用这些网站时被迫"男性化"。

2015 年的"Megalia 镜像运动"[1] 就首次暴露了两性网络用户之间的裂缝。如今在网上说自己是女性,已经算是一种表态了。

泰燮　是的。最早出现的"男超"网络社区 Dcinside[2](以下简称"Dc")其实有很多女性用户,但一旦暴露自己是女性,就会收到性骚扰或邀请见面的私信,所以许多女性用户会彻底伪装成男性。

允玉　看来还是装成男人上网更方便啊。

泰燮　是的。很多网站的初始设置都默认发帖人为男性。"Megalia 镜像运动"中,很多女网友的跟帖都照搬了 Dc 用户的口气,只有点进用户主页看才会发现跟帖人性别为女。也就是说,"Dc 味只属于男网友",只是一种恰好被

1　2015 年,网站 Dcinside 上盛传两名韩国女性感染中东呼吸综合征(MERS)后拒绝自我隔离,反而前往香港购物的谣言。众多男性用户让谣言不断扩散,并无差别攻击与谣言的"主角"相似的女性为"泡菜女"。于是 Dcinside 的女性用户对此展开了"镜像运动"——用男性用户的口气发帖,新造"泡菜男"一词来回击。后来 Dcinside 官方封禁了含有"泡菜男"字样的帖子,很多女性用户认为该举措带有明显的性别歧视,于是以女性用户为主的新网站 Megalia 应运而生。Megalia 一词是 Dcinside 中专门讨论中东呼吸综合征的版块"MERS Gallary"和女性主义小说《埃加利亚的女儿们》(Egalia's Daughters)书名的结合。部分激进女性用户成立了极端女权组织 MEGALIA,网站用户内部也出现分裂,网站氛围也逐渐异化,并于 2017 年关闭。

2　该网站最初只有数码相机和笔记本产品相关的交流版块,后来吸引了各类爱好者群体,发展为目前韩国最大的网络社区,地位类似中国的百度贴吧。(译者注)

观测到的结果;"Dc 味"的"刷屏",恰恰说明在网络流行语的创造性上,女性和男性的贡献是等同的。

希定 所以网络上最初的反应是"女人不可能说话这么有趣","女人不可能说话这么难听"。但我认为网站 Megalia 在被污名化前,也是一场女性主导的"游戏"。

泰燮 韩国互联网的"男性特质"也能从各大网站的留言中看出。以 NAVER 新闻为基准,留言的用户 77% 是男性,有几个用户还会反复留言。韩国没有接收大众舆论的正规窗口,人们才在网络上毫不收敛、毫无节制地留言。问题更大的是,新闻媒体还将这些发泄都称为"舆论",写成新闻,那么这种新闻的性别偏向也太显而易见了吧? 真实的情况是,虽然有很多女性在网络空间活动,但男性的挤压使她们失去了代表性,其结果就是,男性成了互联网上的绝对多数。

希定 现在很多门户网站都会展示留言的性别比例嘛,观察这个挺有趣的。在像我这样的人写的专栏下留言的人中,男性比例非常高。有一次,我写了一篇关于"soranet"[1] 的专栏,被分享到了网站 Megalia 中,有人说"那些男的写

---

1 韩国已被查封的一个色情网站。(译者注)

的留言都太不像话了，我们开足火力去支援吧"，所以那篇专栏的女性留言比例非常高。

允玉　真是我不太了解的世界啊。

泰燮　网站 Megalia 创建初期，就有女性说"呀！我们可攒了十多年的柴火呢"，那以后，我确实感到网上的暴力风气稍稍发生了变化，在网络"对骂"中，男性也会受伤，而令男性反应最大的就是对性器官尺寸的攻击。

希定　韩国女人会拿韩国男人性器官很小来开玩笑。☺ 看来这一点对男性真的很重要啊。

泰燮　Megalia 的站标也是这个含义嘛，"小"的手势。这部分女性的觉醒，始于她们发现，原来女人也可以"刺痛"男人。我认为，反"女拳"群体也是从类似的"觉醒"中诞生的，但这些人的逻辑是什么呢？是"现在我们也吃到苦头了，她们可以伤害到我们了"，"那就继续践踏她们，直到她们再也没法这么做"，好像某种歼灭战。

允玉　歼灭战，听上去就很可怕。

泰燮　"歼灭战"初期，男性确实占据优势，他们制造的刻板印象标签，短时间内就成功让女性主义者成了应该被冷处理的社会败类。我看过一项非常有趣的调查研究[1]，参与调查的男性中的 54.2%、女性中的 24.1% 表示能理解互联网上的厌女情绪。当被问到他们自己厌女的原因是什么时，排在首位的是作为韩国国家行政机关之一的女性家族部；依附男性过奢侈生活的女性，即"泡菜女""拜金女"并列第二；女性团体与女性主义者排第三。

允玉　竟有这么多荒唐的原因。

泰燮　特别好笑的是，事实上，青少年和"依附男性过奢侈生活的女性"交往的可能性最低，但回答这个原因的人中，青少年占比最高。也就是说，青少年其实对如何与这类女性交往非常好奇，不知道他们在文具店买东西送人时有多豪爽，出去聚餐是否都自掏腰包呢？ ☺ 我想，是媒体和互联网上的某些故事让他们形成了这种印象。

允玉　把网上的故事当作自己的经验谈，再发布到网上？

泰燮　是的，大多数都不是自己的经历。这些道听途说大

1　安尚洙等，《男性生活的基础研究Ⅱ：以青年男性的性平等价值矛盾原因为中心》，韩国女性政策研究院，2015。

多没有任何的事实依据，听上去非常奇怪。接触奇怪的故事时，首先要辨认真伪，但他们跳过了这个过程，直接吸收了这些故事，不断强化了对生活奢侈的女性的偏见。同样的调查中，让男性和女性分别给"最讨厌的人的类型"打分排名，5分为满分。男性对"完全不分担约会费用的女性"打出了4.29分，不能与公婆亲密相处的女性则是4.04分；而女性对"完全不分担约会费用的男性"也打出了很高的分数，4.03分[1]。

希定　女性也讨厌，男性也讨厌，那到底不愿分摊约会费用的是哪一方呢？

泰燮　这位传说中生活无比奢侈、伤了无数少男心，又消失不见的女性究竟是谁，又在哪里呢？ :) 这个调查中还有值得关注的一点——厌女情绪强烈、性别平等意识较低、对性别矛盾较敏感的男性，其自尊感、对生活的满意度、对外貌的自信度都较低。虽然目前大部分研究声称，厌女是所谓"失败者"独有的问题，但这个调查显示，长期遭受被剥夺感折磨的"中间层"男性厌女的可能性更高。这和"特朗普现象"中的特朗普的支持者类似，那些白人男

1　同出自上文《男性生活的基础研究Ⅱ：以青年男性的性平等价值矛盾原因为中心》。

性的社会地位可能不如从前了，但又不完全算底层群众。这部分人常常拿自己过去的荣耀和别人比，只字不提当下别人比自己强多少。

希定　那些将网站 Megalia 的所有用户都一棒子打成"女拳"的人，最常摆出的论据就是社会正义——舆论环境需要恢复、不能用恶意来对付恶意，云云。他们操持着优雅的措辞，却从不思考使得女性发出这种恶意嘶吼的背景。我想他们是为了把根植于心的厌女情绪用优雅的语言表达出来，放弃了语言理解能力。他们只是因为讨厌，选择了视而不见。

泰燮　有人认为，"Megalia 镜像运动"的"镜像"是女网友在无中生有。但其实"镜像运动"正因为有可复制的原型，才产生了颠覆性的效果，可这个原型被这些人抹去了，女网友的跟帖都成了"危险引战发言"。最可笑的是所谓的"堕胎认证事件"，有个网友上传了一张带血的卫生巾照片，附了一句玩笑话："知道怀的是男孩后非常烦躁，堕胎了，自助的。"

希定　但凡知道一点月经是什么，堕胎是怎样操作的，就应该能辨别这是在开玩笑吧？

泰嬱 但这个帖子在"男超网站"里迅速扩散，转发的用户大肆宣扬"她们就是这种违背道德伦理的群体"的污蔑。

希定 最让人震惊的是，这些男性真的相信那是堕胎的照片，他们对女性的生理构造竟无知到这种程度，还说什么"月经那种东西，像憋尿一样忍一忍不就行了，怎么那么矫情？"，这就是我们的性教育吗？

女人不要碰游戏，
"这是我的领域"

泰嬱 2016 年的韩国游戏界，围绕游戏制作公司 Nexon，发生了两场风波。第一场有关当时 Nexon 推出的新游戏《突击风暴 2》[1]，该游戏的某些不当特写，连部分男性用户也无法忍受，女性角色的衣着太过暴露，宣传短片中也出现了非常有问题的画面。

希定 《突击风暴 2》中，女性角色的胸部或臀部等部位尺寸扭曲，还充斥着针对女性的性暴力和杀人暗示，玩家视

---

1 游戏公司 Nexon GT 开发的在线射击游戏《突击风暴》第 2 代。据悉，该游戏的开发历时 4 年，成本高达 300 亿韩元。因游戏内外出现了大量常识性错误与各种性别争议，发布仅 23 天就关闭了服务。

角的镜头过分强调女性的性器官。有个角色甚至以走向首尔地铁江南站 10 号出口的形象出现，而该游戏是在 2016 年首尔地铁江南站发生针对女性的随机杀人事件后发布的，当时引发了极大的争议。

泰燮　这个时间点不得不让人产生相关联想。女性组织了示威活动，游戏删除了大量暴露镜头，并在三个月后关闭了服务。如果说这是女性斗争胜利的结果，其实也不太准确，因为《突击风暴 2》本身制作就比较差，没有人气。第二场风波就是与游戏公司 Nexon 签约的配音演员 K 的"T 恤事件"。[1] 该事件后，韩国游戏和网络漫画领域都出现了要求对女性主义插画师进行审查的"Yes Cut"运动。

希定　他们要求鉴别出女性主义者。

泰燮　是的。他们要求广播通信委员会（以下简称"广通委"）对这些作品进行"鉴别"，真是无理取闹，不是吗？不是因为漫画的内容有问题，只是因为作者是女性主义者。

1　为 Nexon 出品的游戏《封印者》（*Closers*）的角色"缇娜"献声的配音演员 K 获得了一件印有"Girls Do Not Need a Prince"的 T 恤，并把自己穿着这件 T 恤的照片上传到了推特表示感谢，引起很多男性玩家的不满。大量男性玩家要求 Nexon 解雇 K，要求提出的 24 小时内，Nexon 就与 K 解约，更换了缇娜的配音演员。该事件的影响蔓延至网络漫画领域，发展为要求对"女权"作家进行审查的"Yes Cut"运动。

值得思考的是，"拒买运动"是最常见的对抗厌女的方式，特别是在文化艺术领域，几乎成了女性主义的代表方法论，但在游戏领域中，"拒买"常常由男性消费者发起。

允玉　也有很多玩游戏的女性吧？我女儿就特别沉迷《洛奇》。

泰爕　《洛奇》是为数不多的女性用户较多的游戏。

允玉　现在的韩国游戏产业，以男性玩家为中心不断扩张，角色和故事的创作也主要面向男性玩家。

泰爕　以 2016 年为例，韩国文化产业总资金规模为 105 兆 5100 亿韩元，其中游戏产业占 10 兆 8900 亿韩元，比重约为 10%；文化产业总出口额为 60 亿零 806 万美元，其中游戏产业的出口额高达 32 亿 7734 万美元，占总出口额的 56%。[1]

允玉　啊，游戏也会出口啊？

泰爕　是的。虽然我们说 K-pop、电影或电视剧是韩流的中心，但这几个产业的资金规模总和都没有游戏产业的大，

---

1 《2017 年内容产业统计调查》，文化体育观光部，2018 年。

67.9% 的国民都使用过游戏服务。

允玉 将近 70% 了，真的很高啊，韩国的年轻人都在这里了吧?

泰燮 是的。其实女性也不是不玩游戏，只是目前男性在游戏上的支出仍是女性的两倍左右。这方面的差距比较大。此外，近年的调查数据显示，韩国游戏产业从业者中，女性占 21.2%，男女从业者比率约为 4∶1。可以说，韩国的游戏文化本身就以男性为中心，市场也是男性主导的。尽管女性从业者和女性玩家也在增加，"游戏是男性的领域"这一固有观念仍然起支配作用。

希定 女性主义的代表方法论不能仅仅是拒买运动。

泰燮 没错。消费者运动是有局限性的。首先我必须是那个物品或服务的购买者，运动才能成立。不看音乐剧的人拒买音乐剧票也没什么意义，游戏也是一样。社会的各个领域是有联系的，即使我不了解，也可以在社会其他领域受到影响。所以，我们需要思考消费之外的方法，并构建对应的理论。当对"游戏产业与女性的关系"进行更深入的思考时，我们又有两方面需要注意，一方面是游戏中女性角色的呈现，另一方面是游戏产业中女性劳动者的位置。

目前游戏对女性角色的呈现真的有很多问题，太过千篇一律了。游戏中的女性角色大多年轻、美貌、身材很好，穿着暴露的服装登场，辅助男性主人公推进主线，或作为男性主人公完成任务后的奖励。

希定　我虽然不太了解游戏，但想起了小时候玩过的《超级玛丽》。两名男性角色踩着蘑菇跑，消灭所有坏人后救回被龙抓走的公主。

泰燮　《超级玛丽》是非常典型的叙事。不过近年以北美地区为中心，开始摒弃这种叙事，转向描绘与现实较接近的女性形象，代表作品就是《守望先锋》[1]，里面的女性角色人种各异，体型多样，还有不同的性取向。

允玉　是因为北美地区玩游戏的女性越来越多，游戏的消费者群体结构发生了改变吗？还是说，这是某种时代潮流的反映？

泰燮　两方面原因都有的。首先，游戏开发人员中女性的比重变高了。从组长到制作人，领导层中也有不少女性。

---

1 《守望先锋》中的女性角色有着较为多样的身材与年龄、性向等特征，能让女性玩家全身心地享受游戏。据悉，这款游戏的女性玩家比重高于其他同类型游戏。

允玉　韩国的游戏产业要想出现这样的变化，还需要一些时间呢。

泰燮　之前，北美地区的一名女性开发者开发了一款以抑郁症为主题的游戏，上架到了主流游戏平台 Steam。而这位女性开发者的前男友到处散布"那个女人为了在 Steam 上发布游戏，和五个游戏界中层人士睡过"的传闻。

希定　真的非常典型。

泰燮　不仅是游戏相关的网络平台，连《纽约时报》《华盛顿邮报》等主流媒体也相继报道，讨论异常激烈，线上线下乱成一团，这位游戏开发者也遭到了性骚扰和性暴力威胁。最终证明这个传闻是毫无根据的。可问题是，都到这个时候了，男性玩家们还坚持"我们是正确的，这是对游戏编辑总是推送与自己关系好的开发者的作品这一现象的正当质疑"，粉饰了自己的行为。

希定　实际上，最让他们愤怒的是女性游戏开发者与五名男性睡过，出卖性价值获得成功的"手段"，而当这种"手段"被证明是无稽之谈时，他们又说"不是的，我们是为了游戏界的正义而斗争"。

允玉　您怎么总结得这么精准到位?

希定　这是太常见且熟悉的故事了。

泰燮　韩国的女性游戏玩家也遭受过毫无根据的攻击。有位叫"青蛙"的《守望先锋》职业玩家,是一位十多岁的女性。她在一场游戏中获得胜利后,对手质疑她用了外挂。《守望先锋》的制作公司暴雪对此进行了调查。如果事件到此结束,倒也没什么,但对方团队的男性玩家开始放出"我要拿着刀去找她""她要是没开外挂我就退游"之类的话,并在男性用户为主的游戏社区堆砌性骚扰、性暴力的发言。最终"青蛙"表示"既然这么不相信,就玩给你们看",通过游戏直播证明了自己的实力。她真的很厉害。该事件非常能体现充斥着韩国游戏业的女性歧视。

希定　真不知道为什么,男性都很讨厌女性涉足新领域。

泰燮　其实,今天的游戏就像过去的篮球、足球或台球一样,虽然是一种舒缓压力的运动,但也是展现个体在集体中优势的一种方式。我在军队训练所观察到一个很有趣的现象——很多人都玩《英雄联盟》,玩得比较好的能达到钻石级,钻石级以上还有大师级、宗师级、王者级。事实上,所有韩国玩家中，钻石级玩家不到10%，但在军队中，人人都说自己是钻石级。一句话概括他们的想法，就是"Don't touch the game"（不要碰游戏）。

允玉 "不要碰游戏"，这里是我的领域?

泰燮 是的。长久以来，游戏是男性的领域。但这所谓的"长久"，也不过三四十年，可男性仍对出现在游戏领域的女性或性少数者的声音非常反感。而且，韩国几乎没有针对游戏的振兴政策，也没有规定上的改善，连"防沉迷机制"[1]都是女性家族部出台的政策。

希定 青少年问题由女性家族部负责，防沉迷机制也成了女性家族部的"黑锅"了啊。

泰燮 可以说韩国青少年的厌女主要来自这个防沉迷机制和女性家族部的"管束"（女性家族部施行的所有性别平等政策），加之韩国传统社会对女性的刻板印象，女性又被打上了"禁止玩游戏的人"这个标签。

---

1 为了防止青少年网络游戏成瘾而限制未满16周岁的青少年深夜游戏时间的制度，是韩国2011年5月19日开始实行的《青少年保护法修正案》中新增的条款，禁止游戏在0点到6点对未满16周岁的青少年提供服务，颁布的部门是女性家族部，也被称作"灰姑娘法"。2014年4月，在针对该法案是否违宪的审议中，被宪法裁判所判定为合宪。

允玉 "禁止玩游戏的人"?

泰燮 就像母亲念叨儿子"别玩游戏了,快学习吧"的说教形象,还有男性玩游戏时,失望地看着他们的夫人或爱人的形象。

希定 觉得妻子或母亲总是干涉或妨碍自己的爱好和休息。

泰燮 千禧年后,韩国的"男性特质"特征是"畏缩",总认为自己是受害者,这是与之前最大的差异。

希定 韩国男性把自己被害者化、少数者化,形成统一口径的"男性联盟",游戏领域就这样和其他大众文化领域衔接起来了。

无论输入什么关键词,
搜索结果中总有色情图片

泰燮 韩国的互联网色情产业本就是隐形的,无法准确把握规模,但目前互联网流通的内容中,色情内容的比重可达 20%~30%。

希定　关于如何界定色情内容，也有非常多的争议。比如，如果条件是"与性有关"，那么上至网络性犯罪，下至擦边内容，比重能达到50%。我在备课时需要各种图片，经常用谷歌搜索，无论我输入什么关键词，搜索结果中总有色情性质的女性图片，所以这个数字并不夸张。

泰燮　其实，大部分网页界面边框的广告都是色情性质的，从勃起功能障碍药物到露骨的色情服务，不一而足。总之，游戏、色情内容、"男超网站"不仅对韩国青年男性建立社会关系、学习知识、接触信息的过程产生了深远影响，也塑造了他们满足欲望、获得快感的方式。传播色情内容在韩国是违法的，但色情内容仍一直存在。基本上，韩国的色情内容是从日本、美国、欧洲等国走私来的。说是走私，现在也都能在网络上看了。针对传播儿童色情内容，经济合作与发展组织（OECD）的大部分成员国都设有非常强力的处罚条款，但此外的色情内容都是合法的。

希定　OECD成员国中，只有在韩国色情片是非法的吗？

泰燮　是的。比如，日本不叫色情片，而叫"成人影片"（adult video），给性器官打上马赛克后，在本国市场流通。韩国之前几乎没有对网络色情内容进行任何限制，现在也增加了一些规定。一旦访问国家禁止的网站，会出现一个警告画面——"非法网站，无法访问"。

希定　但总有办法可以访问吧。

泰燮　是的。其实也有在韩国生产的色情内容，通过私人关系或金钱交易制作，相当一部分都是犯罪的产物，是近年被定义为"网络性犯罪"的非法拍摄物，在社交平台可以通过个人账号销售。甚至很多十多岁的青少年拍了自己的视频在网上卖——韩国已在全球儿童色情内容生产国中位列第六。

希定　韩国互联网用户的爆发性增长是有某些诱因的，其中一个重要的诱因就是"○小姐视频"这种网络性犯罪视频和"红色围巾"等所谓的自制色情内容，越来越多的人为了看这些开始使用互联网。这样来看，韩国成为"互联网强国"，离不开网络性犯罪。

泰燮　相关规范法案[1]的颁布并不是很久之前的事。谷歌也

1　韩国政府颁布针对非法拍摄的相关处罚政策后，针对该政策制定过程中的不当调查，韩国女性组织了大型谴责示威活动。对此，韩国政府正在制订关于网络性犯罪和非法拍摄的新政策，大致分为强化对隐形摄像头进口和销售制裁、阻断非法拍摄视频散布途径、强化对网络性犯罪的监控和处罚、加大对被害者的支援力度等方面。

是 2015 年才有被害者可以申请删除搜索结果中的相关网络色情内容的功能。韩国的相关法案也在强化中，但网络性犯罪仍属于一种新型犯罪，定罪仍然比较困难。据我所知，目前许多其他国家都没有明确的法律规定。

希定　也不可能做到完全删除。听说，仅仅找到所有网络色情视频并删除，就非常耗费财力，甚至分享网络性犯罪视频的移动硬盘企业与负责删除视频的"数字媒体殡仪馆"企业之间还相互勾结。在这种情况下，国家仍然没有出台像样的对策，只有一些自发的社会团体在活动。但很多情况下，这些团体也只能与受害者一起承受痛苦，毕竟这是无法委托到个人的事啊。

泰燮　除了私人援助之外，国家层面并没有提供任何援助方式。

希定　现在女性的日常生活都成了色情内容。比如，一名十多岁的女孩拍了一张自拍，附文"今天吃了汉堡包"，上传社交网络。本来是无法引起任何性联想的照片，却被四处传播，被消费为"隐勾照片"。

允玉　"隐勾"？

希定　"隐约在勾引"[1] 的缩略语，把女性所有形象色情化、转化为性符号这一点，我们需要进行更多的思考。

泰燮　问题是对没有性经验却观看了色情内容的青少年来说，色情内容的影响力太大了。现在的国家正规教育中，仍然不会讲授具体的性行为生理知识，一方面否定十多岁青少年的性，另一方面又把他们暴露在到处都是的性内容里。有调查显示，76% 的小学生赞成进行异性交往，约 5% 的小学生声称自己有过性经验，我认为实际数字可能比这个更大。韩国人第一次进行性行为的平均年龄是 13.2 岁[2]。这样来看，很多青少年是在完全没有正确引导的情况下就开始了性行为。

希定　同时甚至怀着极度强烈的负罪感。

泰燮　有个很搞笑的规定，可以向青少年贩卖避孕套，但只能贩卖普通型，特殊型就不行。特殊型避孕套对青少年来说是有害物品。

允玉　特殊型？

1　韩语原文为"은근히 꼴린다"，"隐勾"对应缩略后的"은꼴"。（编者注）
2　《第 12 次青少年健康形态网络调查》，疾病管理本部，2016 年。

希定　比如有凸起、有附加功能的避孕套。

泰燮　我们的社会通过色情内容制造了一种"性是无上的快乐，但也是道德的禁忌"的双重标准，这反而强调了性文化中的厌女情绪。

希定　到处都是双标啊。十多岁的青少年不该懂性和爱情，但舞台上十多岁的偶像歌手却必须足够有性吸引力——女孩们必须没有性经验，也不能懂性是什么，但就得天生性感。

允玉　世上还有比这更不可能完成的任务吗？

希定　到底想怎样？抵触性的女人，就被说成"性冷淡"；喜欢的话……

允玉　就被说成放荡的女人？啊！真是恼火。

泰燮　"男超网站"的男性用户不仅分享色情网站，也会像相互赠送礼物一样分享色情内容。有人发了一张色情视频截图，下面就会有一条条"也发给我"的留言。而且这些用户信口开河的性知识，大部分都是错误的，如果真的按照他们说的做，会出大问题，然而，网络色情内容已经成了很多男性脑海中的性行为标准。

希定　这种社区还会歪曲真实的女性形象，比如什么"女性说 no 就是 yes"，或者"她们就喜欢被粗暴对待"等扭曲的妄想……

允玉　那么，应该制作与之"对抗"的内容吗？

泰燮　也有持这种意见的人，比如欧洲就有"拍摄普通性行为视频"的主张。

希定　我们可能需要另外一个场合来讨论对策。这个问题可不简单。

当两性关系成了一个巨大的阴谋论，我们应该如何应对？

泰燮　韩国社会认为男性才是"正式的性别"，同时却不对其进行合理的性教育，国民普遍缺乏对两性关系的正确认知，有的人甚至会去有意识地阻碍这种认知。我听说，现在有些男孩子的父母，还只想把孩子送进男子初中、男子高中里。

允玉　对，教育还是很落后。每天都在说什么"男孩子现在都被压在地上啦"。

泰燮　家长觉得"我儿子精神不振"，就想把孩子送进男子初中、男子高中里。虽然以男女区分学校是个问题，但那些男女混校也明令禁止异性交往，这样的高中占韩国所有高中的 51%，相关处罚非常重，包括停学、退学、强制转学等。本是自然形成、需要正确引导的关系，就这样被粗暴切断。只强调成绩的学校氛围，反而让网络空间中的垃圾知识与虚假经验钻了空子。因此，韩国的两性关系总是笼罩着"阴谋"的气息，成为一个巨大的阴谋论。女性只存在于幻想中，出生率的下降就是一种反映。

允玉　那么应该如何改变厌女文化呢？

泰燮　有三种传统的介入方法。一种是法律介入，进行鉴别与制裁，但这样某种程度上只设定了"底线"，无法真正解决问题。

希定　韩国社会的性别厌恶与偏见一定程度上是既得利益阶层有意识地制造的，我认为有必要对这种行为进行惩罚，那就要思考例如"性歧视禁止法"等干预方法。

泰燮 确实有必要。第二个方法是教育。但让人们坐在那里，教育他们，他们也不一定会听。

允玉 第三个方法是什么呢？

泰燮 从政治入手，进行能够超越现有政策的政治性介入。但我其实不太清楚如何恰当地形容，简单来讲，建立一个符合本国国情的视角，去观察本国的厌女或歧视性少数者的问题。

希定 本期我们重点分析了互联网的"男性特质"与厌女现象，或许会有前路一片漆黑的感觉。但我认为，不应该只因为互联网"男性特质"而对男性群体进行单调的划分。实际上，这几年我每次参加女性主义相关讲座或活动，都发现男性参与者虽然还是非常少，但人数确实一直在增加。

泰燮 我也感觉到了。近年将女性主义意识扎根在心中的男性越来越多了，不过当然，仍是少数。

允玉 黑暗稍稍驱散了吗？

希定　迎着希望，在黑暗中向前走不是更好吗？

泰燮　集体的声音越来越大，不断积累，不断反省，反省的过程中会产生质变，我们就能走得更长远。

希定　到了该结束本期节目的时间。开始录制时又撒了会很快结束的谎呢。☺本期应该是录制时间最长的一期。

允玉　请您说一句告别的话吧？作为本节目的首位也是最后一位男性嘉宾。

泰燮　作为首位也是最后一位男性嘉宾，好像说了很多越界的话呢。尽管录制时间有些长，但能够讨论这些话题真的非常高兴。谢谢大家！

希定　感谢您的加入，让我们可以听到生动的"男性特质"话题。

崔泰燮的后记

　　超级英雄漫画的创作者为顺应时代变化，开始让漫画角色的性别、性向、人种等变得多样化，同时也努力让这些人成为更具主体性和主动性的角色。作为电影界巨头的超级英雄电影也出现了这种趋势。但自封超级英雄漫画"真正粉丝"的男性认为，"PC"（political correctness，政治正确）正在毁掉超级英雄漫画，他们不仅生成了一份针对作家与作品的"黑名单"，发起拒买运动，还对女性作家、相关制作公司进行带有性别歧视的网络霸凌（cyber bulling）。幸运的是，制作公司并没有助长这种男性粉丝的行径，电影界也没有动摇，这样的趋势仍在延续。

SPRING 野
更具体地生长

主　　编｜徐　露
特约编辑｜徐子淇
营销总监｜张　延
营销编辑｜狄洋意　许芸茹　韩彤彤

版权联络｜rights@chihpub.com.cn
品牌合作｜zy@chihpub.com.cn

野 SPRING 望
MOUNTAIN

出品方　春山望野（北京）
文化传媒有限公司

Room 216, 2nd Floor, Building 1, Yard 31,
Guangqu Road, Chaoyang, Beijing, China